民法總則
實例研習

劉昭辰　著

民法的實例題令您困擾嗎？
想知道解題拿高分的訣竅嗎？
透過本書的50道例題，
讓您輕鬆掌握民法解題之鑰！

三民書局

國家圖書館出版品預行編目資料

民法總則實例研習 / 劉昭辰著.－－初版二刷.－－臺
北市：三民，2012
　　面；　公分
參考書目：面
ISBN 978－957－14－5143－5　（平裝）
　1.民法總則

584.1　　　　　　　　　　　　　　　　　97025112

© 　民法總則實例研習

著 作 人	劉昭辰
發 行 人	劉振強
著作財產權人	三民書局股份有限公司
發 行 所	三民書局股份有限公司
	地址　臺北市復興北路386號
	電話　(02)25006600
	郵撥帳號　0009998－5
門 市 部	(復北店)臺北市復興北路386號
	(重南店)臺北市重慶南路一段61號
出版日期	初版一刷　2009年2月
	初版二刷　2012年11月
編 　 號	S 585860

行政院新聞局登記證局版臺業字第○二○○號

ISBN　978－957－14－5143－5　　（平裝）

http://www.sanmin.com.tw　三民網路書店
※本書如有缺頁、破損或裝訂錯誤，請寄回本公司更換。

自 序

作者還是大一新鮮人時，受教於王澤鑑教授之民法總則，自第一堂課起即深深受到王澤鑑教授解題體系及邏輯思考的啟發與吸引，及至負笈德國求學並返國執教席以來，撰寫「以請求權基礎為架構的實例研習」（系列）書籍，遂成為心中晝夜思索的標竿。經過數年在大學開課講學之後，終於蒐集足夠的案例，而得償心願。在此，謹以本書對王澤鑑教授在開創我國法學新思維上所做的貢獻，致上最大的敬意。

本書撰寫期間，正值小兒如意學步成長階段，他時常好動、頑皮，常影響甚至干擾到我的工作，只是看著他天真無邪的表情，卻又不忍責罵（雖曾責打過一次，但再也捨不得了），干擾工作產生的不快亦有難以控制之時，怒氣就轉嫁在妻子玟杏身上，深知她所受的委屈，在此衷心感謝她的體諒與包容，亦以本書表達對她深深的歉意。

本書的完成必須感謝文化大學研究生王誠億、陳建邦先生，及東吳大學研究生伍思樺小姐及黃冠中先生的校稿，特別是黃冠中先生的總校對，及撰寫期間所給予的學術性意見及修訂，充分展現其對法律基礎理論的理解，是本書得以順利完成的最大助力。

最後要給讀者的建議是：解題方法不但是一種技巧，更是一門藝術，因此以請求權基礎為架構的解題方法是法律系學生所必須注重與學習的，但作者在此要提醒讀者的是，案例演練絕不能取代一般教科書的體系化講解，因為案例演練只是在幫助學習者，使之能將教科書所學的體系化理論運用於實例解答，而最終考驗法律人法律能力的基礎保證，仍是教科書內體系化理論的學習。

劉昭辰　2009 年元月　於如意書坊

民法總則實例研習

目　次

導　讀

1.以請求權基礎為解題架構

　　法律人在思考、解決一個法律問題後，最終必須藉助文字將其法律意見加以表達。而法律人表達法律意見的方式，一般而言，會因為法律人工作的性質及該法律意見用途的不同，而可以大致區分成如下的類型：法官的判決、學者的鑑定報告及學生的考試❶。不同的法律意見類型，代表不同的意見表達功能，即會有不同的表達架構，而就學校的考試上，應該特別強調解題架構的重要性，特別是「請求權基礎」的解題架構要求。

　　「請求權基礎」的解題架構，素來為王澤鑑教授❷所強調，在其努力耕耘下，也已經在今日的法學教育上，占有重要的地位。雖然如此，就作者經驗而言，不論是在今日學校或是國家考試上，絕大部分學生，仍無能力以「請求權基礎」方式作答，而是依舊採取「大兵團」式作戰。可見對解題架構的強調，我國法學教育仍有繼續加強的空間存在。

　　為何學校法學教育要強調採取「請求權基礎」方式作答？作者曾在德國的課堂上，對助教提出疑問，但是一時之間，助教也無法給予滿意之答覆。在作者自己從事教學工作之後，慢慢體會出以下的理由：

　　(1)採取「請求權基礎」方式作答，雖然不是必要如此，但卻是應當如此

　　a.誠如上述，鑑於不同法律意見表達的功能性，法律意見的表達方式，遂也有許多種類型，明顯的法院判決內容或是教授的鑑定報告，即不適宜適用「請求權基礎」之方法，因為就該兩者法律意見表達而言，訴訟當事人關心的是法官對於案件爭點的理由陳述；委託單位關心的是教授對於委託事項的建議陳述，不同於學校的考試，學生法律意見的陳述，目的卻是要使得閱卷者對其法律意見加以評分！而學生的思考過程，正也是法學教

---

❶　參閱 Westermann, Allgemeiner Teil des BGB (Schwerpunkt), S. 155.

❷　王澤鑑，《法律思維與民法實例——請求權基礎理論體系》，2006 年 2 月初版。

育的評分一環，如果學生未採用「請求權基礎」方式作答，固然仍可以將其法律意見加以表達，而獲得分數，但是對於「思考過程」的評分判斷上，採「大兵團」作戰的學生可能就要吃虧，而拿不到分數。

　　b.「請求權基礎」方式作答，是展現解題者思考過程的最佳方式，其理由在於因為該方法具有「三段論法」的邏輯性。「請求權基礎」方式作答的解題思考過程及方法如下：

　　首先解題者必須先找到一個「完整性法律條文」❸，接下來將案例事實一一「套入」❹該條文的構成要件中，加以檢視是否符合構成要件，最後得出肯定或是否定的答案。

　　就邏輯符號而言，可以以如下方式表達：

完整性法律條文（請求權基礎）＝構成要件 (P) ＋ 法律效果 (R)

生活事實 ＝Q

P ————————→ R（若 P 則 R）

Q＝P　　　　　　　　　（因為 Q＝P）

Q ————————→ R（所以若 Q 則 R）

　　c.舉例言之，在本書例題 9「網路拍賣環保袋」中，解題者應就問題「買受人能否對出賣人主張交付環保袋，並移轉所有權」，尋找一個效果上可能適當的請求權基礎（完整性法律條文），很明顯的該請求權基礎應考量民法第 348 條第 1 項：「物之出賣人，負交付其物於買受人，並使其取得該物所有權之義務」(R)，接著解題者必須分析民法第 348 條第 1 項的構成要件，必須是雙方當事人有買賣契約「要約」及「承諾」的合意 (P)，繼而在整個案例事實中，尋找是否有「要約」及「承諾」的事實存在？解題者可以在案例事實中尋找一些可以被考量當成是要約或承諾的事實 (Q)，例如①網頁內容、②顧客的標買、③網路平臺的通知信等，最後再經過法律理

---

❸　所謂完整性法律條文是指，一個具有構成要件及法律效果的條文規範，參閱王澤鑑（同上註），第 68 頁。

❹　王澤鑑教授則稱如此的過程為「涵攝」，參閱上述註第 240 頁。

論的分析、討論後，「套入」構成要件 (P) 中而得出契約是否有效成立的結論 $(Q \rightarrow R)$。

再如在例題 46「無權處分」中，出題者問「機車所有權屬誰?」則解題者必須就動產所有權的變動，找到相關條文加以分析，而民法第 761 條第 1 項即是規範動產所有權變動的條文 (R)，接下來解題者必須將民法第 761 條第 1 項拆解成「讓與合意」及「交付」兩個構成要件 (P_1+P_2)，而就該二件繼續在案例事實 (Q) 中，找尋是否有該二者要件的存在，而「套入」得出結論 $(Q \rightarrow R)$。

d.當解題者會運用「請求權基礎」作答，同時即是在向閱卷者展現其具備有法律邏輯思考的能力，而閱卷者當然也可以就邏輯思考的評斷上，即刻以分數對解題者加以肯定，從而解題者取得異於他人的高分，即具有正當性。

(2)採取「請求權基礎」方式作答，可以使得解題者對於所有的爭點，毫無遺漏的加以討論，因此也可以取得所有爭點所分配的分數

a.對於其他法律意見的表達類型，例如法院的判決，遺漏爭點的討論，有可能仍不妨礙最終的結論，例如法官或是律師對於某條文構成要件的爭點，都未曾發現，以致在訴訟上也未加以辯論，但是因為該構成要件爭點的答案結論上是肯定的，所以即使遺漏該構成要件爭點的討論，條文終究仍可以適用，所以無礙判決結論。但是就學校教育而言，即使是肯定的答案，解題者仍必須充分具備理由加以說明，以培養並展現其思考能力。例如在例題 46「無權處分」中，雖然一般解題者可以立即反應 C 終究會因善意取得機車所有權，但是解題者卻仍必須就民法第 761 條第 1 項，詳細討論 C 有無以法律行為取得所有權的可能性，以爭取最好的分數，而不能以「反正 C 終究可以善意取得機車所有權」為由，就放棄民法第 761 條第 1 項的討論。

不使用請求權基礎三段論法為解題架構及思考的最大缺點，就是解題者往往會掛一漏萬，而將重要的構成要件忽略，甚而最終得出不適切的結論，例如在例題 13「彩色印表機」中，解題者必須就非對話的意思表示是

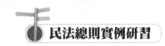

否到達生效，加以分析。對此，解題必須再度運用「三段論法」的邏輯思維，加以分析，即解題者首先必須先將意思表示到達的公式寫出：所謂意思表示「到達」是指：①意思表示及於相對人之空間支配領域，②而依一般狀況，相對人應該可能可以接觸並了解該意思表示之內容時，即為到達，接著解題者必須就該二構成要件，在案例中尋找可能的事實，一一加以檢視。而在此例題中，買受人是在半夜將其要約，經由電子郵件方式，發出而進入出賣人的信箱中，固然已經符合要件①，但是解題者仍必須就要件②加以檢查，而得出意思表示並未到達的結論，如果解題者漏列要件②，當然也就不會就出賣人有無在半夜接觸到該電子郵件的可能性，加以討論，因此答案上也就可能會有所疏失。而如果解題者會運用羅列構成要件的「三段論法」方式，則在本例題中，解題者就勢必必須進一步討論，半夜的寄發電子郵件，果真會發生到達效果？而無所遺漏。

　　b.只是在爭點的討論上，往往也可以發現解題者經常會對毫無疑問、清楚成立的構成要件，做無謂的討論，而浪費時間，更不可能得到分數。例如在例題41「接線生訂貨」的案例中，如果有解題者花了極大的篇幅及時間，從「對話意思表示」的定義開始說明，再到民法第94條的法律效果的分析及對「理解理論」或是「減輕的理解理論」學說爭議（參照例題11「名畫蒐購」），一一詳加討論，則因終究在本例題對於意思表示的生效實無任何討論的必要性，解題者當然也將白忙一場。

　　(3)採取「請求權基礎」方式作答可以引導閱卷者進入解題者的邏輯思維

　　採取「請求權基礎」方式作答，不僅是要展現解題者的思維，更是可以透過如此的方法，「強迫」說服閱卷者接受解題者的結論❺，因為解題者已經透過邏輯的分析，在有計畫、有體系的架構下，鋪陳自己的解題理由，基於邏輯性，閱卷者也往往會隨之被解題結構所引導，而接受結論。例如在例題29「組合套餐」的例題中，顧客B點了「米蘭套餐」，是為要約，並無疑問，只是本題餐廳老闆C只是以筆記下B的點餐內容，如果解題者

---

❺　參閱 Westermann, Allgemeiner Teil des BGB (Schwerpunkt), S. 155.

不依「請求權基礎」方式進一步檢視契約的成立要件，則會輕易忽略討論本題中餐廳老闆 C 的「承諾」是否會因相對人 B 的「了解」而生效？可是如果解題者以「請求權基礎」方式檢討 C 的承諾成立及生效要件，則即會以「減輕的理解理論」分析說明，而認為只要顧客 B 有了解餐廳老闆 C 承諾的可能性，即生承諾效力，至於顧客 B 是否真正了解 C 的承諾內容，則在所不問。如此的解題邏輯架構及思考過程，閱卷者就會依解題者的推演而隨之「進入」解題者的世界中，即容易被解題者發現問題及解決問題的細膩思維所說服，故而不吝給分。

2.解題架構大綱

據上所述，以請求權基礎為解題的架構，在法律思維教育上，具有絕對的重要性，也是本書所要強調的重點。只是一時之間，學習者可能無法立即適應如此的思維方式，而有待不斷的練習，直至成為一種思考的習慣及模式為止。

在此要建議解題者，在學校考試上，千萬不要立即在試卷上下手回答問題，而可以先在其他空白紙上，嘗試描述出解題架構的大綱，在經過邏輯一再反覆檢查無誤後，始可下手回答試卷，否則經常發現解題者在試紙上，一再反覆塗改，雜亂無章，造成閱卷者極大困擾，是為一大忌諱。以下即以例題 47「血滴子玩具買賣糾紛」為例，整理出解題架構大綱，提供解題者作為參考：

1. D 對 C 的契約上請求：§348 I
   ⑴C 之要約意思表示
   a. A 取得代理權限→類推適用 §77 但書
   b. A、C 間僱傭契約無效，影響 A 代理權取得？
     ⒜有因說
     ⒝無因說
   c. C 撤回代理權 (§108 II)

d. 狹義表見代理 (§107)

　　(a)本人先前為一代理權授與之表象

　　(b)致使相對人相信有代理權存在

　　(c)但本人卻未以合理適當方式使第三人知道代理權已經消滅

　　　　① D 因公務出國，撤回通知因「到達」而生效 (§95)？

　　　　② D 的兒子是「意思表示受領人（受領使者）」，或是 C 的「意思表示傳達人（表示使者）」？

　　　小結

　(2) D 之承諾意思表示

2. D 對 A 主張無權代理：§110

　(1)前提問題

　(2)限制行為能力人的無權代理責任

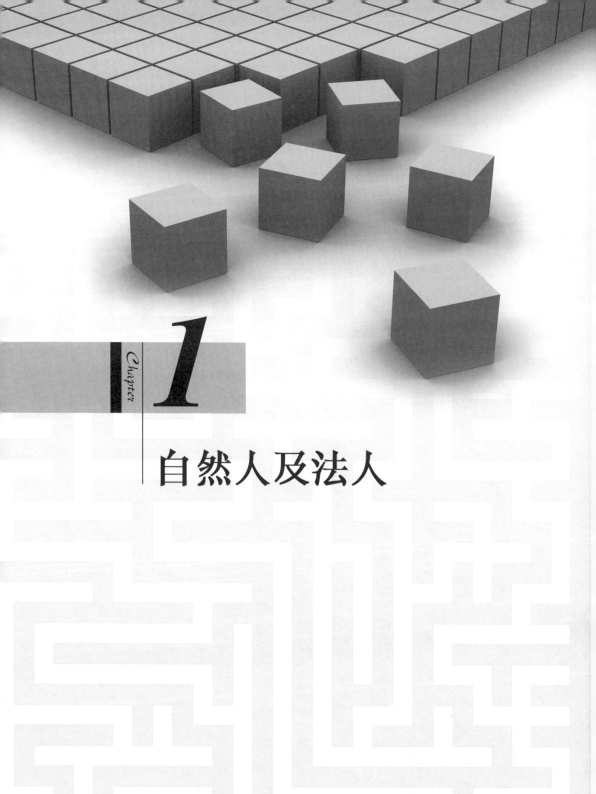

Chapter

1

自然人及法人

女嬰的法律上主張

A 和先生 B 結婚多年，終於懷孕。但是 B 卻不幸在民國 97 年 5 月 1 日被卡車司機 C 因過失撞傷，傷重死亡。A 隨後在民國 97 年 7 月 1 日生下一女嬰 D，但 D 一出生即成為植物人，原因是醫師 E 在之前產檢時，手術過失所致。

問：D 可否向 C 及 E 主張損害賠償？

說　明

　　能夠主張享有法律上權利及負擔義務者，謂之「權利主體」，而民法上所承認的權利主體唯有「自然人」及「法人」，其他動物，例如貓、狗都不是民法上所承認的權利主體，因此如果有以遺囑將財產遺贈給心愛的「貓咪」，則該遺囑就我國民法而言，即為無效。

　　權利主體所得享有權利及負擔義務之能力，稱之為「權利能力」，依民法第 6 條規定：「自然人的權利能力，始於出生，終於死亡」，但不可忽略的是，法律在許多方面，對於自然人的權利能力，也會提前承認，甚至延後持續，前者例如民法第 7 條規定：「胎兒以將來非死產者為限，關於其個人利益之保護，視為既已出生」，即以胎兒出生時非死產（身體完全脫離母體，並具有生命跡象）為停止條件，提前承認胎兒的權利能力，以保護其在法律上的利益，相反地，如果胎兒以死產狀態出生，即無權利能力可言，例如醫生在產檢時，因過失不慎導致胎兒心跳停止，進而出生時為死產，胎兒本身即無得對醫生主張侵權行為，而只能由母親提起自己的侵權行為損害賠償訴訟。

　　雖然自然人的權利能力終於死亡，而成為「屍體」，但是法律卻未將其和一般的「物」等同對待，相反地，在許多規定上仍未忽略其為「自然人」

的本質，而做多方面的保護，例如刑法第 247 條特別規定有「侵害屍體罪」，以和一般「毀損罪」區別，另外刑法第 312 條亦積極規範有「侮辱毀謗死人罪」，以保護自然人名譽，在死後仍受保護。

擬 答

1. D 向卡車司機 C 請求損害賠償之請求權基礎，可能有：

(1)民法第 184 條第 1 項前段

因 D 本身並無任何的「權利」受卡車司機 C 侵害，所以 D 自己本身並無民法第 184 條第 1 項前段的請求權。

(2)民法第 192 條第 2 項❶

a.本題中，因為 B 被 C 撞傷死亡，使得 D 喪失對其父的扶養請求權（參照民法第 1114 條以下），因而造成 D 財產上的損害，因此 D 可以主張加害人 C 必須對該損害進行賠償。問題是，當 B 被撞身亡時，D 尚未出生，即無權利能力（參照民法第 6 條），當然也就無法享有扶養請求權，換言之，B 在其時對 D 並不存在有扶養義務，因此民法第 192 條所要求的要件似乎並不具備。

b.為基於保護尚未出生胎兒的利益，民法第 7 條特別規定：「胎兒以將來非死產者為限，關於其個人利益之保護，視為既已出生」，而將胎兒的權利能力提早往前挪移，在關於其個人利益保護範圍內，視為已有權利能力。故只要 D 出生後非死產，D 就可以主張在其父 B 被撞傷死亡時，即已經取得對其父的扶養請求權。

不過，D 出生時是植物人，是否會影響其權利能力的取得主張？自然人權利能力的概念是法律倫理上的意義❷，因此即使是醫學上無意識的植

---

❶ 民法第 192 條是受損害人 (D) 自己無民法第 184 條的侵權行為請求權，但卻以他人 (B) 的受有侵權行為為基礎，而請求損害賠償的特殊侵權行為型態規定，是一獨立的請求權基礎。

❷ 參閱 Köhler, PdW, BGB AT, S. 4.

物人，亦不應妨礙其在法律上存在的價值，所以不應和死產相提並論，故學說❸見解一致認為，D 仍可以取得權利能力。

(3)民法第 194 條❹（此處問題留待下述段落討論）

2. D 可能可以依民法第 184 條第 1 項前段向醫生 E 請求損害賠償

因為 D 在產檢時，仍尚未出生，醫師 E 在產檢時的侵害行為，似乎也並無侵害 D 的「權利」可言，即並無侵害 D 身體法益的完整性。

只是同樣基於保護尚未出生胎兒的利益，民法第 7 條將尚是胎兒的 D 關於其個人利益之保護，視為已經出生，故自當認為醫師 E 的產檢行為，已經傷害 D 的身體法益，D 儘管於受侵害當時尚未出生，只要出生後非死產，仍得對 E 主張侵權行為損害賠償。

3. D 在上述的請求中，可以主張損害賠償的範圍為：

(1)財產上損害賠償

D 可以參照民法第 1114 條以下規定，向卡車司機 C 主張直到成年（20 歲）的生活照料費用，而可以向醫師 E 依民法第 193 條❺主張終生的生活照料所需費用，殆無疑義。

(2)非財產上損害賠償（慰撫金）

因為 D 是植物人，已無意識可言，能否依民法第 194 條向 C，及依民法第 195 條❻向 E 主張非財產上的損害賠償，則不無疑問。最高法院 92 年臺上字第 1626 號判決仍肯定植物人的非財產上損害賠償請求權：「……呈

---

❸ 邱聰智，《民法總則（上）》，第 139 頁。

❹ 民法第 194 條同樣也是請求權人自己並無權利受侵害，而是以死者的受有侵權行為為基礎所架構的獨立請求權基礎（特殊侵權行為）亦是許可被害人得以請求非財產上損害賠償的法律上依據。

❺ 民法第 193 條不是請求權基礎，只是決定損害賠償範圍的規定。

❻ 民法第 195 條不是請求權基礎，而是許可被害人得以請求非財產上損害賠償的法律上依據。

現半昏迷現象，並成為植物人直至去世，其間雖喪失識別及意識能力，惟其於生理上所受損害不言可喻，僅因腦部喪失功能致無法以言語表達，尚難謂客觀上被害人之生理並無受損」，但學說❼卻持反對見解。

　　對此爭議，本題擬答採肯定說，因為只要被害人有任何非財產上法益的減損，即是受有「非財產上損害」，例如本題 D 成為植物人，其身體功能完整性已經減損，或是因車禍而失去父親，都構成非財產上法益的減損，而有非財產上損害存在，至於是否被害人能夠感受非財產法益減損的不利益，就「非財產損害」概念而言，並非重要。而且依最高法院 66 年臺上字第 2759 號判例謂：「不法侵害他人致死者，被害人之子女得請求賠償相當數額之慰撫金，又胎兒以將來非死產者為限，關於其個人利益之保護，視為既已出生，民法第一百九十四條、第七條定有明文，慰撫金之數額如何始為相當，應酌量一切情形定之，但不得以子女為胎兒或年幼為不予賠償或減低賠償之依據」，故 D 雖然只是胎兒，然而仍可以享有完整的非財產上損害賠償。

---

❼　林誠二，《民法總則（上）》，第 151 頁。

住所地的決定

A 自小和父母親同住於雲林縣虎尾鎮。5 歲時，父母分居，父親自此不知去向，而母親則到臺北工作，A 仍和祖父母住在虎尾，但是母親仍會定期回虎尾，探視 A 及父母親。

18 歲時，A 到高雄念高中，並由母親安排寄住親戚家。大學畢業後，A 北上到臺北租屋，並在新竹科學園區找到工作，平日往返其間。不久 A 結婚，繼續居住在臺北。工作一段時間後，A 有足夠積蓄，遂到美國芝加哥念書，寄望能盡快拿到學位歸國。

問：A 各階段的住所地如何決定？

說　明

自然人的住所地，民法第 20 條所下的定義是：「依一定事實，足認以久住之意思，住於一定之地域者，即為設定其住所於該地」，依此，構成自然人住所地者，必須：①客觀上是個人空間生活的中心所在地，②主觀上有久住之意思者（至於法人的住所地，依民法第 29 條，以其主事務所之所在地為住所）。

住所地決定之所以重要，起因於對於法律關係的決定或是實行有著深遠的影響，例如民法第 314 條第 2 項即規定，債之清償，如契約或是法律無特別規定時，以債權人之住所地為清償地，再如民事訴訟法第 1 條規定，訴訟管轄法院，原則上以被告住所地之法院管轄，在在都顯示決定住所地的重要性。

擬　答

1.五歲前階段

首先 A 在未成年人階段，其住所地根據民法第 21 條，應以其父母親的住所地為其法定住所地，故雲林縣虎尾鎮，是其法定住所地。

2.父母分居階段

其後 A 的父母親分居，雖然如此，但只要兩人仍未離婚，A 的住所地決定根據仍是民法第 21 條，應以其父母親的住所地為住所地。依民法第 20 條規定，本題 A 的父親因不知去向，明顯在主觀上應可以認定，並無意再將虎尾當成其久住之處所，而有放棄虎尾為其住所地之意，故虎尾已非其父之住所地，可予肯定。至於其父之住所地究竟在何地？應由所調查之事實加以決定。而 A 之母親雖然在臺北工作，但因仍定期回虎尾探視 A 及父母，故可以認為其主觀上並無放棄虎尾為住所地之意思（事實認定問題），故應認為 A 的住所地至少一處仍在「虎尾」，另一住所地則視其父的住所地而決定。雖然 A 同時有兩個住所地，但因是法定住所地，所以並無違反民法第 20 條第 2 項：「一人同時不得有兩住所」之問題❽。

3.高雄求學階段

A 在 18 歲時，由母親安排寄住高雄親戚家，但並不影響虎尾仍是 A 的法定住所。問題是，高雄是否可以成為 A 的意定住所地？所謂意定住所是指，對於某地，當事人在客觀上有居住事實，主觀上有永久居住之意思者❾，

---

❽ 民法第 20 條第 2 項指「意定住所」，參閱：林誠二，《民法總則（上）》，第 202 頁；施啟揚，《民法總則》，第 111 頁；鄭玉波（黃宗樂修訂），《民法總則》，第 126 頁。

❾ 鄭玉波（黃宗樂修訂），《民法總則》，第 127 頁。反對說：施啟揚，《民法總則》，第 150 頁。

而至於該意定住所地的決定，究竟是一「事實行為」或是「法律行為」，學說❿頗有爭議，但是卻一致同意認為，未成年人的意定住所地決定，必須得到法定代理人的同意，或是由其代為決定（參照民法第 1084 條以下）。因 A 在高雄只是寄住他人處所，而且 A 只是為求學目的而階段性居住該地，畢業後應有另外的人生規劃，所以不論是 A 或是其母，都應無以高雄為永久居住地之意思。但根據民法第 23 條規定：「因特定行為選定居所者，關於其行為，視為住所」，因此 A 在高中求學當中，高雄如果成為其居所地❶，則就其求學行為的相關事項，高雄即是其住所地。而居所地的決定，自也應如同住所地決定般，必須取決於 A 的法定代理人意思才是，而根據民法第 1089 條第 1 項，父母親的對於未成年子女的居所地決定，必須共同行使，換言之，只要本題 A 之父母親仍未離婚，A 的居所地仍應取決於 A 的父母親兩人共同決定才是，單是母親一人仍無法決定 A 的居所地。只是因為 A 的父親離家多年，不知去處，故可以認定其不能行使其權利，因此 A 的母親一人可以單獨決定 A 的居所地（參照民法第 1089 條第 1 項）。因為 A 居住高雄是其母所安排，因此可以認定是默示代 A 選定高雄為其居所地，至此，虎尾仍為 A 的法定住所，而關於求學行為的相關事項，則高雄亦可以為 A 的住所地。

4. 臺北工作階段

A 大學畢業後，已是成年人，而有完全的行為能力決定自己的住所地，但在 A 仍未建立新的住所地之前，舊住所地「虎尾」則仍未消滅，而「高雄」則因僅限於高中求學相關行為事務，故應消滅。A 之後北上臺北租屋，特別是結婚後仍住在臺北，進一步開展人生來看，應認定已經有意建立新住所地在「臺北」，先前「虎尾」住所地故而消滅。而雖然其工作地點在新

---

❿　林誠二，《民法總則（上）》，第 203 頁；姚瑞光，《民法總則論》，第 96 頁；施啟揚，《民法總則》，第 151 頁。

❶　「居所地」者，民法並無定義，意指客觀上雖有居住事實，但主觀上卻欠缺久住意思之地：參閱邱聰智，《民法總則（上）》，第 272 頁。

竹，但由其下班後，即刻就趕回臺北住處觀之，應無意以新竹為住所地❶❷。

5. 國外留學階段

A 之後出國念書，因為希望盡快拿到學位回國，故可以認定並無意要放棄在臺北的住所地，所以 A 雖然人在美國，但臺北仍是其住所地，只是根據民法第 23 條，此段時間關於求學行為的相關事項，美國芝加哥亦為 A 的住所地。

---

❶❷ 因 A 也僅是在新竹上班，屬於一時停留，故亦非是居所地：參閱邱聰智，《民法總則（上）》，第 271 頁。

例題**3**

狂追女友

A 非常喜歡班上的漂亮女生 B，遂展開猛烈的追求。因 A 的追求手段太過猛烈，讓 B 感到深深困擾，例如 A 經常在公開場合暱稱其小名「小妹」及以「老婆」稱呼，更未得其同意，而偷拍照片，收藏在皮包內，更要命的是，A 常常緊跟在 B 的身後，寸步不離。

問：B 可以如何主張？

說明

自然人所享有的「人格權」保護，是侵權行為法上最為棘手的問題之一。自然人的「人格權」可以區分成「一般人格權」及「特別人格權」，前者是指一種抽象概括的對「尊重人性尊嚴，並尊重個人特質發展的權利」，後者則是民法明文具體規範的人格權類型，例如民法第 19 條的「姓名權」，或是民法第 195 條所提及的「身體、健康、名譽、自由、信用、隱私、貞操」等人格法益。但不論是「一般人格權」或是「特別人格權」，要清楚架構並描述其權利內涵，並不簡單，而有賴學說及判決加以發展、輔助，賦予其有機的生命及內容。

擬答

1. B 可以向 A 主張民法第 184 條第 1 項前段的侵權行為損害賠償責任，可以考慮 B 被侵害的權利如下：

(1)「姓名權」（參照民法第 18 條）

所謂「姓名權」是指，用文字標誌個人辨識性，用以和他人區別的權利❸。而侵害「姓名權」的行為，又可以區分成：①不法使用他人姓名的

「姓名濫用」類型，例如未得他人允許，以他人姓名為產品廣告代言，或是②否認、拒絕稱呼他人姓名的「姓名爭議」類型，例如某人已經因「認祖歸宗」而改姓名，但旁人卻拒絕承認其身分而仍稱呼其原來姓名，亦是構成侵害「姓名權」，本題 A 不斷以 B 的小名「小妹」暱稱，而不稱呼 B 的姓名，為 B 所反對，即是構成「姓名爭議」類型的侵害姓名權行為。

比較有問題的是，A 不稱呼 B 的姓名，而稱呼 B 為「老婆」，是否亦構成侵害「姓名權」？如果以「姓名權」保護目的是在於避免個人和他人發生辨識上的混淆，則稱呼他人為「老婆」，充其量只是發生親屬法上的婚姻身分的混淆，尚不至於會發生個人和他人「辨識性」（或稱「同一性」）的混淆❶，故無侵害「姓名權」可言。

(2)肖像權

「肖像權」受民法第 184 條第 1 項前段的權利保護，早被學說❶所承認，自無疑義，而該權利所保護的內容是避免本人的肖像，在未得同意下被外流或是散播❶，至於肖像是如何取得，則在所不問，即使是合法取得，例如男女朋友的親密自拍照，在未得另一方同意下，也不能擅自外流或是散播，否則就是侵害「肖像權」。依此，本題 A 僅是保存 B 的照片，並無外流、散播行為，故應不構成侵害「肖像權」。

(3)隱私權（參照民法第 195 條第 1 項）

雖然 A 保有 B 的照片並不構成侵害「肖像權」，但是 A 的攝影行為，因未得到 B 的同意，則有可能侵害民法第 195 條第 1 項所特別列舉的「隱私權」。隱私權是一種保護資訊自主的權利❶，而個人肖像則是屬於個人外

---

❸ 參閱施啟揚，《民法總則》，第 146 頁；鄭玉波（黃宗樂修訂），《民法總則》，第 122 頁。

❹ 參閱邱聰智，《民法總則（上）》，第 257 頁；施啟揚，《民法總則》，第 107 頁。

❺ 邱聰智，《民法總則（上）》，第 245 頁；《新訂民法債編通則（上）》，新訂 1 版，第 158 頁；黃立，《民法債編總論》，第 258 頁。

❻ 參閱王澤鑑，《侵權行為法(1)基本理論一般侵權行為——債法原理（三）》，第 156 頁。

❼ 參閱王澤鑑，《侵權行為法(1)基本理論一般侵權行為——債法原理（三）》，第

在（貌）資訊的內容之一（其他如聲音、行蹤等等亦同），自亦受「隱私權」內涵保護，因此他人若要取得此等個人肖像的外在資訊，則必須得到本人同意，始得為之，而 A 卻在 B 不知情的情況下偷偷拍得 B 的肖像，自是侵害 B 的隱私權。

(4)一般人格權

經過多年來的大法官憲法解釋❸及民法學者❹的努力，自然人的一般人格權，已經為今日法學界所接受，而認定一般人格權是指：「一種尊重人性尊嚴，並尊重個人特質發展的權利」，他人如有所侵犯，則構成民法第 184 條第 1 項的「權利受侵害」的侵權行為。

a.即使 A 稱呼 B 為「老婆」，不構成侵害「姓名權」，但是可以考慮的是，是否構成侵害 B 的「一般人格權」？親屬法上的身分性，例如一個人的已婚或是未婚身分，也是表彰一個人特質的重要要素，因此如果不當的稱呼會造成他人對於親屬身分的誤認，當也是構成侵害一般人格權（參照民法第 195 條第 1 項）。本題 A 和 B 並無婚姻關係，但 A 卻稱 B 為「老婆」，A 使用不符合真實身分性的稱呼，而有害 B 的身分辨識人格權，構成民法第 184 條第 1 項的侵權行為。

b.A 常常緊跟在 B 的身後，寸步不離，是否有侵害 B 的一般人格權？

誠如以上對一般人格權的概念及內容的描述，吾人可以發現，一般人格權概念極度抽象，而難以掌握，該權利的個別具體的內容，完全有賴判例及學說的發展及形成，因此 A 緊跟 B 的行為，在心理上對 B 產生極度的不舒服及困擾，是否因此構成侵害 B 的「一般人格權」，應仍有待判例及學說的進一步確認。只是基於對於個人心理健全發展之考量，此處擬答仍傾向肯定之。

在架構一般人格權的具體內容時，往往會發生和他人的基本權有相

151 頁。

❸ 參閱大法官會議釋字第 293 號及第 400 號解釋。

❹ 王澤鑑，《民法總則》，第 137 頁；林誠二，《民法總則（上）》，第 191 頁；邱聰智，《民法總則（上）》，第 246 頁以下；施啟揚，《民法總則》，第 138 頁。

互衝突之情況，例如本題 A 會主張，其有行動上的自由，在公開場合緊跟 B，不應被禁止，否則有侵害基本權之虞；再如新聞記者也往往會緊跟政治或是影星人物，其亦會主張新聞自由，用以排除侵害人格權的不法性。因此在考量一般人格權保護時，如發生和第三人的基本權有所衝突時，必須衡量兩者間的利益程度，而以利益較大者受法律的保護（所謂「利益衡量理論」）。而在利益衡量時，應考量侵害行為的方式及嚴重度、侵害的動機或是理由，最後也包括了必須考量被害人之前的行為等等，以進行全面性的利益衡量。本題 A 緊跟 B，其動機在於追求 B，該行為既無重大的社會利益存在，亦和 A 所要追求之目的及利益相反（愛她就不應使她困擾），在和 B 的一般人格權相較之下，欠缺利益保護正當性，因此應肯定 A 不法侵害 B 的一般人格權。

2. B 可以根據侵權行為所主張的法律效果如下：

(1)損害賠償：包括財產及非財產上的損害賠償。本題 B 應無財產上的損害可言，至於非財產上的損害賠償，B 可以依民法第 195 條第 1 項主張。

(2)但是就 B 而言，僅是非財產上的損害賠償仍為不足，B 真正希望的是 A 不要再有上述之行為。因此 B 可以依民法第 18 條第 1 項、第 19 條主張 A 應該銷毀現有的照片，如有再度侵害之虞，尚可以請求法院判決，A 之後不能再稱呼其「小妹」或是「老婆」，也不能再緊跟在其身後，而必須保持相當距離。

會長選舉

A是「消費者資訊提供協會」社團法人的會長，而其任期將於下個月屆滿，並有會員B、C也登記參與競選會長。A為求順利連任，遂緊急招募五位18歲的高中生入會，並在會長選舉時投票支持。最後投票結果是A得五十五票，B得三十票，C得二十票。

問：選舉結果究竟如何？

說　明

法人是除「自然人」以外，民法所承認的另一權利主體，故是一具有權利能力的組織體，因而該具有權利能力的主體，可以獨立參與社會交易，單獨享有權利，並單獨負擔義務。而法人組織體，可以區分成「社團法人」及「財團法人」，前者是以成員的存在構成法人組織的要素，而後者並無成員存在，而單純是以財產集合為組織要素。

社團法人的內部運作，主要是以章程為主（參閱民法第47條），而以總會為最高決議機關（參照民法第50條第1項），原則上社團事項，都應經過總會決議，始能生效，如社員對於總會決議有所爭議，得於決議後三個月內，請求法院撤銷（參照民法第55條）。

擬　答

A能否順利當選會長，視以下爭議決定：

1.五位新進高中生會員，是否取得社員資格？

會員加入社團的行為，依學說[20]見解是一契約行為，而以申請入會為

---

[20]　林誠二，《民法總則（上）》，第272頁。

要約，會長代表社團接受入會為承諾。問題是，該五位高中生都僅有 18 歲，是限制行為能力人，其所為的契約，除非是純獲法律上利益，或是日常生活所必需，否則在未得法定代理人事先允許或事後承認前，是效力未定（參照民法第 77 條）。

⑴加入社團取得社員資格後，就必須受社團章程所規定事項之約束，而有遵守的義務，所以即使新進會員可以取得投票權，仍非是「純獲法律上之利益」❷。

⑵至於該五名高中生加入「消費者資訊提供協會」，也不是依其年齡、身分的日常生活所必需行為，因為高中生固然參加學校社團的活動，是其學生生活學習的一部分，但是學校外的「消費者資訊提供協會」，實已經超出學生生活學習的範圍，而屬於社會生活活動之一部分，不符合其學生身分，就該部分的法律行為，仍須由其法定代理人代為決定，始為合宜。

小結：因該五位高中生的加入社團的契約行為，未得法定代理人同意，所以效力未定，他們仍未取得社員資格。

2. 未取得社員資格的五位高中生的投票行為，當然無效。只是是否會影響整個投票結果？

⑴因為投票行為如同社團的決議般，是一「共同行為」，而非契約行為❷，因此不像契約行為，會因為當中的意思表示（要約或承諾）不成立或是無效，而致使整個契約不成立或無效。換言之，共同行為中的單一個別意思表示無效，不會影響到整個共同行為（投票行為、決議行為）的效力，因此即使此次投票行為，扣除無效的五票，結果是 A 得五十票，B 得三十票，C 得二十票。

⑵依民法第 52 條第 1 項規定：「總會決議，除本法有特別規定外，以出席社員過半數決之」，整個出席會員，不應計入尚未取得社員資格的五位高中生，依題示總計應是一百人，問題是「過半數」應是五十票或是五十

---

❷　參閱王澤鑑，《民法總則》，第 204 頁。

❷　參閱林誠二，《民法總則（上）》，第 258 頁。

一票？為避免票數相同時的爭議，及符合多數決精神，解釋上自應以五十一票為過半數。故此次選舉，A 雖較其他候選人得票為多，但在章程無特別規定下，因得票仍未過半，故未當選會長。

例題 **5**

職棒大聯盟

為促進國內的棒球運動推展，及為使棒球選手能有固定的職業收入，國內四個球隊：「獅」「虎」「象」「鷹」經過長久的計畫，終於在今年初成立「臺灣職棒大聯盟」。在商談設立聯盟的過程中，四球團推舉 A 為聯盟會長，負責會務推動，並約定「獅」「虎」「象」三隊分別出資 2000 萬元，而「鷹」隊則是移轉其所有的球場給大聯盟，以為出資。在「鷹」隊完成球場所有權移轉之後，職棒聯盟會務正式開始推動。聯盟的主要收入是來自於比賽門票及廣告業務，而各球團則必須負擔球員及教練薪資。

某次比賽中，因為聯盟疏於維護觀眾席，導致觀眾席坍塌，球迷多人受傷，合計醫藥費總共 500 萬元，但是聯盟因為打假球風波，收入不如以往，目前財產僅剩 400 萬元。A 為避免事故再度發生，遂立即請包商 B 整修觀眾席，整修費用共計 200 萬元。

問：　1. 受傷球迷應向何人主張不足的 100 萬元賠償？

　　　2. 包商 B 應向何人請求費用給付？

🔑 說　明

所謂「無權利能力社團」者，是指徒具社團法人的本質及架構，但卻因未辦理登記，或未經許可，故而也就未取得法人資格的組織（參照民法第 30 條）。我國民法並不承認「無權利能力社團」，但是卻又不得不承認其特有的「社團」組織架構特性，故對於「無權利能力社團」的參與社會交易及應負的法律行為及侵權行為責任，學說遂發展出許多的見解加以補充、解決，其中主要有兩派見解，其一認為應類推適用法人相關規定，另一則認為應直接適用合夥規定。

擬 答

1. 受傷球迷應向何人主張損害賠償，首先應視「臺灣職棒大聯盟」的法律性質究竟為何而定

(1)題示「臺灣職棒大聯盟」並未向法院登記，故依民法第 30 條，並未取得權利能力，故非社團法人。

(2)既然「臺灣職棒大聯盟」不是法人組織，則是否是無權利能力的「合夥」組織（參照民法第 667 條）？或是「無權利能力社團」？究竟為何者，往往不易認定，應視當初「臺灣職棒大聯盟」的設立契約的意思表示內容做決定。換言之，應以「合夥」及「無權利能力社團」的特性為標準，進行設立契約的解釋，本題擬答認為「臺灣職棒大聯盟」應是「無權利能力社團」，其理由有二：①四球團推舉 A 為聯盟會長，掌理會務，而「會長」一詞，應只有社團法人才會出現，②當初設立契約約定，所有球團都必須出資，而其中「鷹」隊則是必須移轉其所有的球場給「臺灣職棒大聯盟」，而非給「各球團」，可見當事人有意將「聯盟」當成是獨立於球團當事人以外的獨立組織體看待。

(3)至於「臺灣職棒大聯盟」究竟是「營利性」或是「公益性」的無權利能力社團，也會攸關其責任，故必須加以討論。

所謂「營利性」社團是指，有計畫、長期以有償行為為經營目的之社團組織，至於是否有利潤分配於社團成員，則非所問❷，但如果營利僅是社團的附屬行為，則仍不妨礙其「公益性」性質，例如律師公會舉辦園遊會營利。只是如果該附屬的營利行為，所得數額極為龐大，而成為社團主要經費來源時，則仍應將之歸為「營利性」社團❷。

一般而言，以推廣運動為宗旨的運動性組織，是為「公益性質」，殆無

---

❷ 參閱 BGH 15, 319; Palandt/Heinrichs, §21 Rdn. 3. 此點和英美法對於「營利性」法人概念完全不同。

❷ 參閱 Palandt/Heinrichs, §21 Rdn. 4.

疑義，縱使該組織有以出售門票，為自己組織的財務收入揭助，也應僅是附屬的營利行為，仍無影響其「公益性質」。問題是，一些職業性運動組織，如本題的「臺灣職棒大聯盟」，其門票收入數額龐大，是否仍可以視為「公益性」組織，則不無疑問。而依一般社會觀點及歷史性發展，全世界的「運動性組織」，不論其年收入的龐大，都被視為是「公益性質」❷，例如最典型的「奧林匹克」組織即是一例，這只能說是對「運動性組織」的特別優惠對待。

小結： 本題「臺灣職棒大聯盟」是一「公益性質」的無權利能力社團。

2. 「臺灣職棒大聯盟」組織，設立行為是否有效成立？

(1)無權利能力社團的設立，是一契約行為❷，必須符合民法所有規範，始能有效成立。而在契約中，因「鷹」隊負有移轉其所有的球場給大聯盟，以為出資，依民法第 166 條之 1 第 1 項規定，凡是負擔不動產權利移轉義務之法律行為，都必須經過公證始生效力，無權利能力社團的設立契約行為亦不應有所例外。本題因「臺灣職棒大聯盟」的設立契約，並未經過公證，故為無效。

但根據民法第 166 條之 1 第 2 項規定：「未依前項規定公證之契約，如當事人已合意為不動產物權之移轉、設定或變更而完成登記者，仍為有效」，因為「鷹」隊已將球場所有權，移轉登記給「臺灣職棒大聯盟」，故設立契約的無效，即被治癒，而為有效。（依民法債編施行法第 36 條第 2 項但書規定，本條施行日期由行政院會同司法院另訂之。）

---

❷　參閱 Westermann, Allgemeiner Teil des BGB (Schwerpunkt), S. 32. 但亦有不少批評意見，參閱 Köhler, Allgemeiner Teil des BGB, S. 74; Palandt/Heinrichs, §21 Rdn. 4.

❷　就此我國通說（參閱王澤鑑，《民法總則》，第 210 頁以下；鄭玉波，《民法總則》，第 171 頁）均認為是共同行為，惟本題擬答認為，「社團設立行為」實則和「結婚行為」的組成團體共同生活的內涵上，並無差異，故應也是契約行為，始為妥當。

(2)而球場不動產所有權的登記，在無權利能力社團，也是一有名的爭議問題。

通說認為，因為無權利能力社團並非法人，不具有權利能力，故不能以「臺灣職棒大聯盟」名義登記，而應登記為球團所共有，至於「臺灣職棒大聯盟」個別球團組織的屬性，究竟是個人、合夥、無權利能力社團或是法人組織，又視實際情形而定，自不待言。

對於上述將球場所有權登記給球團所共有，有鑑於無權利能力社團的成員間的變換可能性，所以本題擬答認為並非是妥善之方法。比較可採的登記方式，可以考慮以「臺灣職棒大聯盟全體成員」為登記名義，較能顧及無權利能力社團的成員可變換性。

3. 因為「臺灣職棒大聯盟」是一無權利能力社團，並非是一有獨立權利能力的法人組織，所以受傷球迷的 100 萬元損害賠償，只可向其個別成員請求，而可以主張的請求權基礎，計有：

(1)民法第 227 條的不完全給付

　a. 球迷和「臺灣職棒大聯盟」成員間的契約，如何成立？對此有兩種見解：

　　一說[27]認為應類推適用民法第 27 條第 2 項的法人相關規定，由會長 A 代表大聯盟成員和球迷訂立契約，而對大聯盟成員發生效力；另一說[28]則認為，應類推適用民法第 679 及 103 條的合夥規定，以會長 A 為大聯盟成員的代理人，其所訂立之契約對大聯盟成員發生效力。對此，因有鑑於大聯盟是一無權利能力社團，畢竟性質較似社團，故本題擬答採第一說。

　　b. 至於聯盟疏於維護觀眾席，導致觀眾席坍塌，掌理會務的 A 自有過失，只是該過失，如何歸責至大聯盟成員？

　　對此，應可以認為類推適用民法第 27 條第 2 項，但是也有認為是類推適用民法第 224 及 679 條。但不論如何適用條文，大聯盟成員都必須負起

---

[27] 王澤鑑，《民法總則》，第 212 頁。

[28] 施啟揚，《民法總則》，第 122 頁。

過失的不完全給付損害賠償責任。

(2)大聯盟成員也必須對疏於維護觀眾席，導致觀眾席坍塌的侵權行為負責，而請求權基礎又有以下的爭議：

一說認為大聯盟應該根據民法第 191 條及類推適用民法第 28 條，以 A 為代表人，而負起連帶的侵權行為損害賠償責任；另一說則認為畢竟大聯盟非法人團體，類推適用民法第 28 條，過於牽強，故應以適用民法第 188 條第 1 項為宜。

兩說不同在於，如果適用民法第 188 條第 1 項，則大聯盟成員只要能夠舉證證明，其對 A 已盡到應有的監督義務，就可以免責。對此爭議，本題擬答仍是採前說，故大聯盟成員必須負完全的損害賠償責任，無得舉證免責。

(3)責任限制

因為「臺灣職棒大聯盟」是一「公益性質」的無權利能力社團，故對其法律行為或是侵權行為損害賠償責任，依學說❷⁹見解認為，畢竟無權利能力社團組織結構類似社團法人，當初成員參與時，應僅有要以其出資額為責任上限之意思，而該意思也可以為外界所明確得知，故無權利能力社團成員的損害賠償法律責任，應只限於出資才是，而也不致對外界造成不利益。故本題因為大聯盟僅剩財產 400 萬，不足的 100 萬，球迷都無得再對球團主張，該結果也堪稱合理，因為如果「臺灣職棒大聯盟」是依法登記成立的法人組織，則成員亦無須對球迷的 100 萬元損害負賠償責任，而「公益性」無權利能力社團基於其性質幾近社團法人，故其法律地位，也無理由必須有別於社團法人。

(4)會長 A 個人的責任

受傷球迷的 100 萬元損害賠償，也可以向會長 A 個人根據民法第 184 條第 1 項請求，而且會長無得主張責任受限於「公益性」無權利能力社團資產，故必須負起完全之責任。

小結：球迷無從對大聯盟成員主張 100 萬元損害賠償，但可以對會長 A 個

❷⁹ 王澤鑑，《民法總則》，第 213 頁。

人主張。

4.包商 B 的承攬報酬請求權

B 可向大聯盟成員根據民法第 490 條及第 27 條第 2 項，或是第 679 條請求，該問題爭議已如上所述。

根據德國民法第 54 條之規定，無權利能力社團的負責人（會長）也必須對於無權利能力社團的法律行為，就自己個人財產，負起全部之責任。只是我國民法並無相同規定，如何架構 A 個人的法律行為責任，尚待學說加以補充。

例題 **6**

愛樂交響樂團

　　一群愛好音樂的企業家，某日聚會，有人提議組織交響樂團，希望在繁忙的工作之暇，能藉由音樂演奏，抒發身心並交流彼此感情。此一提案得到全體同意，並推由 A 擔任會長。

　　A 因工作繁忙，在擬定章程之後，仍無空暇向法院提出社團登記聲請。雖然尚未完成登記，但是 A 已經急於尋找適當空間，以為樂團的練習場所。在遍尋不著之時，A 只得以自己的別墅，無償提供樂團一年使用。

　　不久，有成員提議樂團可以定期舉行公演，並販售門票，以藉此籌措社團財源。此一提議得到成員一致同意。於是 A 和兩廳院洽談承租場地事宜，約定三晚演出場地費共計 3 萬元（尚未給付）。在樂團演出時，社員 B 負責廣告設備擺設，但因未注意擺設，而將聽眾 C 砸傷，C 支出醫藥費 3 萬元。

　　事後，A 向法院提出社團登記聲請，問：

1.法院可否以 A 的申請要件不齊備為由，駁回 A 之申請登記？

2.如果樂團終究因要件補齊，完成登記而成立。請分析：

　(1)樂團成立前的法律關係如何？兩廳院或 C 可否向社員個人請求以自己財產為給付？

　(2)樂團成立後的法律關係，如何變化？

說　明

　　「設立中的社團」指雖有計畫聲請法人登記，但卻尚未完成法人登記者。雖然該「設立中社團」因尚未完成登記，故而仍未取得法人資格（參照民法第 30 條），但是基於事實上的原因，「設立中社團」卻有必要提早從事社會交易行為，如此遂也造成法律上的爭議，即因此所產生的法律行為責任或是侵權行為責任，應由何人負責？「設立中社團」或是社員？學說將

「設立中社團」當成是「無權利能力社團」處理，但是不同於「無權利能力社團」，「設立中社團」日後如因登記完成，而取得「權利能力」，成為社團法人，則之前所生的權利義務，應如何處理？遂構成「設立中社團」的法律核心問題。

擬 答

1. 社團的登記

因為樂團的成立登記，並未出示主管機關的許可證明，所以法院駁回社團成立登記可能的理由是根據民法第 46 條：「以公益為目的之社團，於登記前，應得主管機關之許可」，換言之，公益法人之設立依民法第 46 條係採許可主義。問題是，該社團的性質究竟是公益或是營利性質？

該社團成立目的是為抒發社員身心，並交流彼此感情，而非以有計畫且持續的有償行為為目的，雖然該社團有計畫公演，並販售門票，但究竟只是為達主要目的的附屬次要行為（次要目的）而已，故不妨礙該社團仍非屬營利性組織。但該社團成立目的，並不是在使不特定第三人取得利益，所以也不是公益性質，而是所謂「中間社團」，而「中間社團」的設立要件，依目前學說，頗為分歧：

(1)通說❸認為，「中間社團」既然是非公益性組織，自無民法第 46 條的適用，故無須得到主管機關許可，即可以聲請登記成立。

(2)少數說❸認為，對公益社團，應從廣義解釋，認為非以營利為目的，亦屬公益社團，故「中間社團」應和公益社團一般，受民法的規範而成立，因此其成立當然也必須得到主管機關許可。此處擬答採此說，因為就類型的歸屬而言，如將本題的樂團組織，亦歸為如公司般的營利組織，似乎太過為牽強。

小結：法院應依民法第 46 條，駁回樂團成立登記聲請。

---

❸ 參閱王澤鑑，《民法總則》，第 166 頁。

❸ 同前註。

2.設立中社團的責任

成立後的樂團，取得獨立的法人資格，但對於尚未成立前樂團所發生的法律關係是否必須負責，即所謂「設立中社團」的法律責任，分析如下：

(1)契約責任

設立中社團是一無權利能力社團，有爭議的是如何進行法律行為？

一說認為應適用民法第 679、667 條「合夥」之規定，而認為 A 是其他社員的代理人，其所為法律行為對所有社員發生效力。

另一說則認為應類推適用民法第 27 條第 2 項之規定，A 是無權利能力社團的代表，其所為法律行為對所有社員發生效力。

對此，擬答採此說❸，故 A 和兩廳院所為的租賃契約（民法第 421 條），對於全體社員發生效力，應由全體社員對於租金債務負連帶清償責任（民法第 272 條）。但即使認為 A 是樂團的代表，不是代理人，卻仍必須有代理規定的類推適用，例如本題 A 以自己的別墅，無償提供樂團一年使用，該無償使用借貸行為（民法第 464 條），原應類推適用民法第 106 條的「自己代理」而效力未定，有待全體社員的承認。但是本題擬答認為，無償使用借貸契約，對社團而言是一種經濟上的利益取得，而且對 A 卻並無任何利益可言，故並無利益衝突之情形，在目的性限縮解釋下，應認為無民法第 106 條的適用，故為有效。

(2)侵權行為責任

無權利能力社團對於其代表人所為的侵權行為，有認為應類推適用民法第 28 條及第 184 條，由全體社員負連帶賠償責任❸。但是本題因為社員 B 不是樂團的代表人，所以並無民法第 28 條的適用。因此本題對於社員 B 的侵權行為，應由全體社員依民法第 188 條第 1 項負責。

(3)責任限制

本題全體社員應負法律責任如上，只是因為該無權利能力社團非屬營

---

❸ 參閱例題 5「職棒大聯盟」。

❸ 參閱例題 5「職棒大聯盟」。

利性質，因此依學說見解，社員責任僅限於對社團所為之出資負責，而無需再以個人財產負責❸。

3.社團成立後的責任

(1)根據「一體說理論」，成立後的社團法定承受 (ipso iure) 設立中社團的權利義務，因此兩廳院及 C 也可以向成立後的樂團社團法人，主張契約行為及侵權責任。

(2)有爭議的是，是否全體社員原先的責任，在社團成立後，仍繼續存在？

a.肯定說❸認為，參照公司法第 150 條規定：「發起人對於公司在設立登記前所負債務，在登記後亦負連帶責任」觀之，社團全體社員即使是在社團成立後，仍必須對社團登記前債務負責。

b.否定說❸則認為，既然社團法人已經成立，所有權利義務已經法定移轉，自然原先全體社員責任亦消滅才是。

c.本題擬答認為，雖然本題樂團社團法人不像公司般是營利性質社團，但對交易安全的保護目的性，卻不應有所區別，故應採肯定說，而認為全體社員仍必須對於社團設立前債務負責。

[題後說明]

1.依德國民法第 54 條之規定，無權利能力社團的負責人（會長）也必須對於無權利能力社團的法律行為，就自己個人財產，負起全部之責任❸。

2. C 可以根據民法第 184 條第 1 項前段，向 B 個人就其所有財產請求損害賠償，則自不待言。

---

❸　參閱例題 5「職棒大聯盟」。

❸　王澤鑑，《民法總則》，第 197 頁；史尚寬，《民法總則》，第 140 頁。

❸　史尚寬，《民法總則》，第 140 頁中的註釋 2。

❸　參閱例題 5「職棒大聯盟」。

法律行為理論

第一節　契約的成立、發出、了解及到達生效

日常善意行為與要約引誘

請就以下例題，判斷契約是否成立？

1. A 嗜賭，某晚夢見「明牌」，遂委託好友 B，交付 30 萬元以代為購買特定號碼的「大樂透」，但是 B 卻忘記購買。當晚「大樂透」開獎，開出 A 所指定的號碼。

2. C 麵包店在其櫥窗標出「紅豆麵包，20 元」：

   (1) D 因為要辦員工運動會，遂向 C 表示要購買五萬個麵包。C 不知如何是好，因為 C 無法提供如此龐大數量的麵包。

   (2) D 向 C 表示要購買五個，C 回答：「一共 125 元」，D 表示不解，原來是 C 的標示牌誤寫價金，但 D 堅持 C 必須以 100 元出售麵包。

3. E 在山間遊玩，看到蜂農 F 販售蜂蜜的招牌上寫「不純，砍頭」，E 遂購買之。隔天 E 早餐食用該蜂蜜，發現果真不純。

說　明

契約的成立，以雙方當事人間有意思表示的合意為前提。而所謂意思表示的合意是指，雙方當事人互為內容契合的「要約」及「承諾」，只是在實務案例上，卻往往發生不易判斷，當事人是否真有為「要約」及「承諾」的意思表示存在？

意思表示的成立，首先表意人必須在客觀上有一「表示行為」存在，即表意人必須在客觀上，有令第三人認知表意人有想發生法律效果或受拘束意思的外在行為存在（所謂「法效意思」❶），換言之，如果表意人客觀

---

❶　王澤鑑教授（《民法總則》，第 362 頁）及邱聰智教授（《民法總則（上）》，第

上並不存在有表達「法效意思」的外在行為時，則根本上就否定表意人有意思表示。因此一個客觀上明顯欠缺「法效意思」的外在行為，當然就不是意思表示，表意人即不受拘束，故民法第 154 條第 1 項即明文規定：「契約之要約人，因要約而受拘束。但要約當時預先聲明不受拘束，或依其情形或事件之性質，可認當事人無受其拘束之意思者，不在此限」。

擬　答

以下就個別例題加以討論：

1. 要約和日常善意行為

意思表示的「要約」或是「承諾」往往很難和客觀上欠缺法效意思的「日常善意行為」為區分，在有爭議的例子上，必須透過個案的情狀，加以解釋、認定。例如本題 A 委託 B 代為購買所指定號碼的「大樂透」，如果雙方當事人所為是一「要約」及「承諾」，則就成立「委任契約」，而 B 因忘記處理委任事項，故必須對 A 負損害賠償責任（參照民法第 226 條第 1 項）。相反地，如果 A、B 間所為的是欠缺法效意思的「日常善意行為」，則契約即無從成立，一般而言，在委請好友購買「大樂透」的情況中，因為中獎的機率並不大，換言之，並不存在著明顯的重大經濟利益，所以對雙方當事人而言，應認定並無嚴肅想要成立「契約」的意思，即雙方當事人客觀上並無訂立「委任契約」之行為，當事人所為的僅是一「日常善意行為」。只是本題 A 所委託交付的金錢數額實在過於龐大——30 萬元！自不應以一般的「日常善意行為」視之，而應認為雙方當事人應有意嚴肅對待此事之意，而有成立契約的「法效意思」，故最終應確實成立「委任契約」才是。

2. 要約和要約引誘

意思表示中的「要約」往往和客觀上欠缺「法效意思」的「要約引誘」

533 頁）則將「法效意思」稱之為「表示意識」。

也難以區別，亦有待就個案的客觀情狀加以解釋、認定。

⑴一般而言，如果以有限的標的物，但卻向不特定多數人為販售的表示時，例如大賣場寄送廣告單給客戶，應不被認定是「要約」，而只是「要約引誘」而已（參照民法第 154 條第 2 項但書：「但價目表之寄送，不視為要約」）。至於商店櫥窗的標示，雖然民法第 154 條第 2 項本文規定：「貨物標定賣價陳列者，視為要約」，但明顯此一規定和一般社會觀點認知，有明顯落差❷，而應認為只有在商家（出賣人）無法清楚舉證其並無「法效意思」時，始有適用而成立要約才是（參照民法第 154 條第 1 項），因此本例題，明顯地，C 是以有限物品對不特定多數人為販售，故只是「要約引誘」，而不是「要約」，否則如當 D 向 C 表示要購買五萬個麵包，因而即立刻成立「買賣契約」的話，豈非唐突？而對相對人 D 而言，C 以有限物品，卻對不特定多數人為販售，D 亦應可以清楚得知，行為人並無被拘束之意思，故將之僅當成是「要約引誘」，對相對人而言，也並無危害交易安全之虞。

⑵同理，C 的標示每個麵包 20 元，也只是「要約引誘」而已，真正的要約是 D 的承買意思，而承諾則是 C 向 D 表示價金共計「125 元」，因為雙方意思表示不合意，所以買賣契約不成立。也因為買賣契約不成立，所以 D 亦無得依消費者保護法第 22 條：「企業經營者應確保廣告內容之真實，其對消費者所負之義務不得低於廣告之內容」，主張買賣價金數額是「100 元」，只是 C 必須負締約上過失的信賴利益損害賠償責任而已。

3. 要約和廣告

同理，蜂農 F 標示牌所寫：「蜂蜜不純，砍頭」，基於「砍頭」結果的不可思議嚴重性，故 F 的標示牌明顯欠缺法效意思，所以解釋上，不能將之當成是要成立瑕疵擔保契約的「要約」，而只是純粹的「廣告」而已，也因為蜂農 F 根本無意為「要約」，該「法效意思」的欠缺，可以清楚被外界所得知，故而擔保契約無從成立，所以消費者保護法第 22 條亦無適用之餘地。如果有人將「蜂蜜不純，砍頭」當成是「要約」，而顧客 E 則是對之加

❷　參閱黃立，《民法債編總論》，第 59 頁。

以承諾，故雙方成立瑕疵擔保契約，只是該擔保契約違反「公序良俗」而無效（參照民法第 72 條），如此的解釋，應當是忽視意思表示理論❸的討論，故為不宜。

---

❸ 所謂「意思表示理論」是泛指學說上所有討論意思表示成立及生效要件的法律理論。

例題 **8**

兒童讀物的訂閱

　　某日出版社 A 主動到學校分發「兒童優良畫報月刊」，就讀某國小六年級的 B，興高采烈的將該份月刊帶回家中，但並未告知父母。晚上，B 一人在房間閱讀，見該月刊中附有一紙條說明：「訂購本月刊一年一千五百元，如讀者不願訂購，請在一星期內將本月刊寄回，否則視為訂購一年」，B 雖讀到此段，但卻也不以為意，並繼續將畫報閱讀完畢。

　　一星期後，B 的父親 C 接到出版社 A 的來電，表示要求給付價金 1500元。C 查明事實後，大怒而拒絕給付。A 又表示，至少必須給付第一份月刊的價金。是否有理？

說　明

　　契約是一個由要約與承諾相互合意所構成的法律行為，實務常見出賣人直接將其欲出售的標的物寄送至買送人處所，而為要約，買受人在好奇之下，拆封包裝，甚而加以使用，是否構成「承諾」？實不無疑問。除此之外，出賣人也常在標的物的寄送，直接加諸「使用視為承諾」，或「未寄回，視為買受」的義務於他方當事人，而往往使得當事人不知所措。

　　更甚者，出賣人也往往會利用思慮不周的未成年人為要約，而試圖謀得契約利益，對此，民法不乏有對未成年人的契約利益保護規定，至於對未成年人使用他人之物所造成的使用利益返還，雖無法律明文保護規定，但是學說卻仍不遺餘力的創造理論，以周全保護未成年人之利益。

擬　答

1. 未成年人 B 的契約責任

　　A 可以向 B 主張 1500 元的價金請求權基礎，可能是民法第 367 條。而

該請求權基礎的存在，以 A、B 間就訂購「兒童優良畫報月刊」一年份的買賣契約有效成立為前提。

(1)要　約

　　a.本題，出版社 A 將月刊分發給 B，且在其中附有一紙條說明，言明買賣標的物及價金，且清楚表示要出售之意，應是一要約。

　　b.問題是，B 是未成年人，根據民法第 77 條本文及第 79 條規定，即使是受意思表示，亦必須得到法定代理人之同意（並參照民法第 96 條），始生效力。而本題，因為 B 自始未向其父 C 說明此事，當然 C 也無從同意 B 可以受領該要約，只是依民法第 77 條但書規定，如果限制行為能力人受領意思表示是「純獲法律上之利益」者，則無須得到法定代理人之允許，即生效力。就要約的受領而言，是使得受領人取得法律上承諾的地位，況且在要約人尚未承諾前，要約受領人亦並無任何不利益可言，故自是屬於「純獲法律上之利益」，故本題，當出版社 A 將讀物分發於 B，在 B 晚上閱讀其所附紙條之時，即因要約到達 B 而生效力，並無須再得其法定代理人 C 之允許或是承認。

小結：出版社 A 訂購月刊一年份之要約生效。

(2)承　諾

　　a.首先可以被考慮的是，B 對於該月刊所附紙條的內容要求，不予答覆，是否是一承諾？固然承諾是一意思表示，可以明示，亦可以默示為之，但是默示的沈默，必須和完全無任何法效意思的「單純的沈默」，加以清楚區分，前者可以構成意思表示，而對後者，立法者僅在一些少數的例外規定上，例如民法第 80 條第 2 項或是民法第 451 條，賦予「單純沈默」有特定之效果外，當事人的單純沈默，並無有任何意思表示之效果。

　　b.因此本題上，是否 B 的沈默有「承諾」之意思，必須由出版社 A 負舉證責任。A 可以就一切客觀的情狀，基於誠實信用原則，在個案上舉證推論，認定 B 的沈默是一「默示意思表示」，例如 A、B 之間曾經事先約定，如不寄回刊物，即視為「默示承諾」 ❹ ，或是 B 明知有該一年訂購要約存

❹　參閱邱聰智，《民法總則（上）》，第 539 頁。

在，卻仍對該刊物拆封閱讀等。

(a)本題雖然出版社 A 在月刊內附有紙條表示「訂購本月刊一年一千五百元，如讀者不願訂購，請在一星期內將本月刊寄回，否則視為訂購一年」，但是因為 B 必須直到拆閱月刊後，始能得知該內容，故當然不是雙方事先有所約定。而即使 B 在拆封後始得知該表示，但事後仍默示不予理睬，也不能即被當成是「默示」承諾，因為 A 不能單方面加諸相對人有任何的積極義務❺，例如通知或是寄回的義務。

(b)有問題的是，B 在得知該要約內容後，卻仍繼續閱讀完畢，客觀上存在有使用的事實，能否被當成是一「默示」承諾「一年的訂購」？ 在明知有要約的情況下，卻對標的物加以使用，確實不排除有默示承諾之可能，只是仍必須就個案認定，例如使用人尚且將物品標籤剪除，即是明顯的默示承諾，本題雖然 B 在得知要約後，仍繼續閱讀，但是就一般社會觀點而言，仍難即認定是一承諾，因為可能 B 是為要確認刊物的內容，究竟為何？是否值得訂閱？ 故繼續閱讀。況且該閱讀行為，並不會對月刊造成損害，更難只以相對人的「繼續閱讀」據此即認定有「承諾」之意思。

小結： 因為不存在 B 的承諾，所以 A、B 間的買賣契約並不成立，A 無得向 B 主張價金的給付。

2. 未成年人 B 的不當得利責任

基於上述的論述，A、B 間既無對「一年訂購」，亦無對「一本月刊」的買賣契約存在。問題是，A 得否主張 B 因為有拆閱的使用利益，故應依民法第 179、180 條償還相當價額？ 即一期月刊的價金？

(1)目的性給付

出版社 A 分發一期月刊給 B 閱讀，並無贈與之意思，而是希望藉此引起 B 的訂約意思，是一「目的性給付」。如果 B 果真訂約，即無不當得利之問題，但如同本題結果，最後 B 並無訂約之意思時，則 A、B 間就有「給

---

❺ 參閱消費者保護法第 20 條第 1 項：「未經消費者要約而對之郵寄或投遞之商品，消費者不負保管義務」。

付型不當得利」之問題 (condictio ob rem)。

(2)就不當得利的利益取得客體討論

a.即使 B 是限制行為能力人，但是只要其有自然的認識能力，就能成立「占有」事實，故 B 取得月刊的「占有」，應無疑問。

b.至於 B 是否取得月刊的所有權，不無疑問。當出版社 A 分發月刊，應可以認定有所有權移轉要約的意思（如果 B 承諾訂購，即可以保有該月刊所有權），比較有問題的是，是否限制行為能力人 B 能有效為月刊所有權取得的承諾？因為所有權取得的承諾，屬於民法第 77 條但書中的「純獲法律上之利益」，故無須得到 B 的法定代理人 C 的同意，B 即能有效為之。雖然如此，基於上述同樣的理由，本題 B 並無有任何「默示」所有權取得的意思表示，故 B 亦無取得月刊所有權之效果。

c.本題 B 確實有使用利益的取得，但因 B 並無購買該兒童刊物之意思，所以 B 的閱讀兒童刊物，並未對其整體財產帶來費用上的節省，故是屬於民法第 182 條的使用利益不存在的問題，換言之，B 是否必須返還使用利益之相當價額（即一期刊物價金），端視其主觀善、惡意為定。對於未成年人「給付型不當得利」的善、惡意判斷，學說❻認為，應以其法定代理人有無明知未成年人有無法律上原因使用為判斷標準，以貫徹民法保護未成年人法律行為責任之意旨，而本題因為 B 的父親 C 並不知有刊物分發之一事，故依民法第 182 條第 1 項，B 無須返還其使用利益。

結論 B 只必須返還其對月刊的占有，而無須給付一期的月刊價金。

---

❻　史尚寬，《債法總論》，4 版，第 90 頁；劉昭辰，《月旦法學教室》，第 28 期，第 59 頁。

網路拍賣環保袋

　　「亞獅」是一家經營網路拍賣平臺的公司，提供當事人能在其網頁刊登買賣資訊，而向出賣人收取刊登買賣資訊費用。A 得知某名牌皮包公司要以低價出售限量環保購物袋，在經過徹夜不眠的排隊後，終於購得一件。A 為求得能將該購物袋高價售出，遂上「亞獅」拍賣網站，表明：「購物袋原價500 元。競標，1 元起標，出價就賣」。有顧客 B 在拍賣結束前，出價 300 元，且為拍賣結束時的最高標，「亞獅」立即以電子郵件通知 B 已經得標，但 A 卻拒絕交付環保袋，因為 B 的出價低於原價，而且 A 表示網頁上內容只是「廣告」而已，不能當真。

　　問：B 得否向 A 請求交付環保袋，並移轉所有權？

🗨 說　明

　　意思表示是由「外在行為」及「內在意思」所構成。如果表意人在客觀上，有令第三人認知有想發生法律效果或受拘束意思的外在行為存在，即外在行為不僅僅只是「日常善意行為」或是「要約引誘」時，就具備意思表示的客觀表示要素，解題者即可以進一步就意思表示的「內在意思」要素為分析。

　　意思表示的「內在意思」可以區分成三個層面加以觀察，一是「行為意思」，即指支配人之行為的意識，除非是夢遊狀態或是反射動作，基本上人的行為都具備「行為意思」。「內在意思」層面上，實務上最常出現問題的是「法效意思」及「效果意思」瑕疵，前者指表意人想發生法律效果或受拘束之意思，因此例如在拍賣會和友人招手之行為，即明顯欠缺「法效意思」，而形成表意人的「意思表示瑕疵」；後者則指表意人除確實是有想發生法律效果的意思之外，尚且是希望發生某特定的法律效果，例如表意

人是想出賣 A 車，但卻被誤認表意人是要出賣 B 車，則該「效果意思」的瑕疵，即是屬於民法第 88 條的「意思表示錯誤」。

擬　答

1. B 對 A 的請求權基礎

B 可以向 A 請求交付環保袋，並移轉所有權的請求權基礎可能是民法第 348 條第 1 項。而該請求權的成立，必須以雙方當事人間有以 300 元買賣環保袋之「要約」及「承諾」合意為必要（參照民法第 153 條第 1 項、第 345 條第 2 項）。而傳統拍賣的要約是指買受人的出價，出賣人的拍板或是擊錘為承諾（參照民法第 391 條），只是在網路拍賣則是改以網頁及電子郵件，替代出價及擊錘，其本質和傳統的拍賣仍無二致，換言之，網路拍賣契約的成立與否，都應適用民法的一般法律行為理論❼。

(1)要　約

a.首先可以考慮 A 的拍賣網頁表明「購物袋原價 500 元」可能是要約。而完整的要約意思表示，是分別由客觀要素及主觀要素所組成：

(a)客　觀

必須討論的是，該網頁是否可以由外在形式而可被認定是「要約」，而非僅是「要約的引誘」？要約或是要約引誘，區別在於要約人有受表示行為拘束之意思（參閱民法第 154 條第 1 項前段），而要約引誘則欠缺受拘束之意思，即欠缺法效意思。一個外在的表示行為，有無法效意思存在，其判斷標準應是以客觀第三人的立場加以認定：

①原則上，如果出賣人只是在吸引不特定多數人為出價的行為，例如廣告的寄送，應僅是「要約引誘」而非「要約」（參照民法第 154 條第 2 項但書：「但價目表之寄送，不視為要約」）。依此，A 的網頁內容，因為也僅是對不特定人為出賣的意思，因此可能不是要約。

---

❼　但不同於傳統拍賣，網路拍賣卻必須適用消費者保護法第 19 條，即買受人有七天解除權。

②但是 A 在網頁中卻已經表明「競標，1 元起標，出價就賣」，換言之，A 客觀上已經清楚表達，只要有出價超過 1 元者，即可得標而使買賣契約即刻成立，故 A 應有接受最高標意思表示拘束的意思，所以其網頁內容在客觀上已經清楚表明是一「要約」，而非僅是「要約引誘」而已。

③只是如果以 A 的網頁內容為要約，則該要約是否會因為買賣價金的無法確定，違反民法第 345 條第 2 項而不成立？只是根據民法第 346 條第 1 項規定可知，只要價金可得確定者，即不妨礙買賣契約的成立，而本題既以出價最高者得標，因此價金數額終究可以在競標時間結束時，可得確定，因此應無由妨礙要約在客觀上的成立。

④有問題的是，可否將「亞獅」的電子郵件回覆 B，當成承諾，而以 B 的出價為要約，如此 A 的網頁自然也只是要約引誘而已？因為「亞獅」並不是買賣契約的當事人，也不是 A 的代理人（民法第 103 條）❽，因此無由認定「亞獅」電子郵件的回覆是買賣契約的承諾。就法律意義分析上而言，「亞獅」電子郵件的回覆只是通知網站使用人 B，買賣時間已經過去及目前出價狀況的服務而已。

(b)主　觀

問題是，A 主觀上可能並沒有要接受其網頁是一「要約」的意思，換言之，其主觀上對網頁內容並沒有法效意思。欠缺法效意思的行為，效力如何？學說有所爭議。通說❾認為，當表意人發出一個外在客觀上可能有所爭議的「意思表示」時，即必須考量有可能被外界誤認是意思表示，表意人不能以無法效意思為理由，否認意思表示的成立。少數說則以為，法效意思是意思表示成立的必要要件，意思表示欠缺法效意思，即無從成立。對於該爭議，基於交易安全的保護，應以通說較為可採。

---

❽　但 Staruß/Büßer 卻認為拍賣平臺公司是出賣人的「受領意思表示代理人」，參閱：BGB—Allg. Teil und Schuldrecht—Fälle und Lösungen, 2. Aufl., S. 25.

❾　對於「法效意思」欠缺的處理，學說爭議甚大：參閱王伯琦，《民法總則》，第 149 頁；邱聰智，《民法總則（上）》，第 534 頁以下；鄭玉波，《民法總則》，第 238 頁。

小結： 即使 A 主張其對網頁內容有法效意思錯誤，但是 A 的網頁仍是一有
效的要約。

(2)承　諾

⑴不是「亞獅」的電子郵件回覆，而是 B 的出價才是承諾，而且 B 的
承諾是成立在 300 元，殆無疑義。

⑵使用網路買賣，該意思表示是一種非對話意思表示，依民法第 95 條
第 1 項規定，以 B 的承諾到達相對人時發生效力。故 B 的承諾應以其出價
以電子郵件型態進入 A 的伺服器❿，而且 A 有接觸閱讀該郵件之可能時，
發生效力，A 事實上有無閱讀該郵件，則在所不問。

小結： A 在網頁上所表明的要約，是 1 元起標，且無任何最低標的限制，而
以最高出價者得標，所以買賣契約就 300 元有效成立。至此，B 可能
可以根據民法第 348 條第 1 項向 A 請求交付環保袋，並移轉所有權。

2. B 請求權消滅原因

但 B 的民法第 348 條第 1 項的請求權可能因為 A 主張民法第 114 條
及第 88 條第 1 項而消滅。其構成要件如下：① A 必須有一錯誤之意思表示
存在，②該錯誤意思表示必須非因 A 之過失所形成，③ A 必須有效撤銷其
錯誤意思表示。撤銷意思表示，可以默示為之，故當 A 向 B 表示拒絕交付
環保袋，應可以確認 A 已經表達不願接受契約拘束之意思，而有意要撤銷
其要約，殆無疑問。有問題的是要件 1. 及 2.，討論如下：

⑴A 主張其網頁內容只是一「廣告」，不能當真，故是一意思表示錯誤？

a.所謂「意思表示錯誤」是指，意思表示的客觀內容和表意人主觀的
「效果意思」，有不一致之情況，但是本題卻是 A 誤以為其網頁僅是欠缺拘
束力的「廣告」（要約引誘），換言之，A 是主張其對意思表示的「法效意
思」發生錯誤，所以不是民法第 88 條的意思表示錯誤，故亦無該條文直接
適用的餘地。

b.對「法效意思」的錯誤，依上述通說見解認為，意思表示有效，但

❿　參閱杜怡靜，《契約之成立與生效（民法系列）》，第 40 頁。

是表意人可以如同欠缺「效果意思」一般，主張類推適用意思表示「內容錯誤」而撤銷。但是本題 A 是否真的是有「法效意思」錯誤，實則不無疑問，因為 A 在其網頁內容已經表明：「出價就賣」，客觀上 A 已經清楚表達願意接受任何最高出價的拘束，而無承諾與否的空間及自由，所以如果 A 主張其主觀上根本沒有要將其網頁的內容，當成是有拘束力的「要約」，舉證上實欠缺說服力。

⑵即使接受 A 的主張，但是就過失要件討論上，A 也難辭其咎。因為所謂過失是指，對於結果的發生，行為人「可預見，而未預見」，「可避免，而未避免」，本題 A 的網頁內容既然以一般人的注意標準，可以輕易認知有受拘束之意思，因此如果 A 自己對該網頁內容認定不同，自是有過失存在，而應自負不利益結果才是。

結論 因為 A 不能主張類推適用民法第 88 條第 1 項撤銷，所以 B 對 A 的民法第 348 條第 1 項請求權，終極確定存在。

例題 **10**

模糊的契約約定

　　有鑑於汽油價格越來越貴，某汽車廠遂順勢推出最新省油休旅車。A 在 B 車廠看到該車，標價「150 萬元」，頗為中意，遂和 B 展開契約商談，B 雖然同意 A 可以分期付款，但對於贈送車險一事，卻表示真的沒辦法。除此之外，雙方對價格始終無共識，故契約一直談不攏。就在 A 要放棄購車想法之時，B 對 A 表示，反正一切好談，就要 A 先把車開回家。A 想想，實在太喜愛該車，遂欣然同意，開車回家。

　　一星期後，雙方仍然無法就買賣契約價金有共識。

　　問：1. B 得否向 A 主張 150 萬元之價金給付？

　　　　2. A 得否主張贈送車險？

　　　　3. 分期付款數額及期數究竟如何？

🎙 說　明

　　關於要約及承諾如何合意，契約始能成立，民法第 153 條規定有：「當事人互相表示意思一致者，無論其為明示或默示，契約即為成立。當事人對於必要之點，意思一致，而對於非必要之點，未經表示意思者，推定其契約為成立，關於該非必要之點，當事人意思不一致時，法院應依其事件之性質定之」。只是往往實務上，雙方當事人的契約合意或是不合意並不明顯，在如此含糊的狀態下，契約究竟成立與否？民法第 153 條並未規範，而有待學說進一步釐清。

　　除此之外，民法第 153 條後段的「推定」契約成立，係僅針對契約的「非必要之點」未經表示者，但如果「非必要之點」卻已經為雙方當事人所明白不合意，是否會因此影響之前已經成立的契約？民法第 153 條亦未有規範，仍有待學說的補充。

擬 答

B 可以向 A 主張 150 萬元價金給付的請求權基礎，可能是民法第 367 條。而該請求權基礎存在的前提必須是 A、B 之間對汽車買賣，就 150 萬元價金有所合意。明顯地，A、B 雙方對於 150 萬元價金並無合意，但卻也無不合意，而留有模糊狀態，因此仍難謂買賣契約成立或是不成立（參照民法第 153 條第 1 項及第 345 條第 2 項）。對於如此雙方當事人明知契約內容尚未有終極的合意或是不合意之情形，學說❶稱之為契約的「有意識的不完整性」，其效果依如下區分，加以解決：

1. 必要之點

⑴所謂契約的「必要之點」（或稱「要素」；essentialia negotii），是指構成契約典型不可欠缺之因素，例如標的物及價金即是買賣契約的「必要之點」。本題 A、B 雙方對於買賣價金數額，仍然未能達成合意，而形成模糊狀態，如此買賣契約究竟是否已經成立？民法未有清楚規定，一般認為❷，基於契約自由之保障，應推定契約不成立，除非主張契約成立之當事人可以舉證，另一當事人已經有接受契約拘束之意思，契約始為成立。依此，本題原本應推定 A、B 間買賣契約並不成立，因此如果 B 要主張價金的給付，則必須舉證，即使在無確切的價金合意下，A 仍有意願接受契約之拘束。而就本題事實觀之，既然 A 已將汽車開回，客觀上已經有履行契約的行為，故應該可以認定，A 應有要接受契約拘束之意思，故至此應認定，買賣契約已經成立。

⑵A 只是有接受契約拘束之意思，但卻仍無接受「150 萬元」拘束之意思，故 B 仍不能請求「150 萬元」價金，此時存在有契約約定上的漏洞，而有待法官加以填補、解決，法官所進行如此的契約漏洞填補，學說❸稱

---

❶ Köhler, PdW, BGB AT, S. 148.

❷ 參閱德國民法 §154 BGB。

❸ 參閱王澤鑑，《債法原理第一冊——基本理論債之發生》，第 245 頁。

之為「補充性契約解釋」。本題法官在對價金數額認定，進行「補充性契約解釋」時，參考民法第 346 條第 1 項「價金雖未具體約定，而依情形可得而定者，視為定有價金」之立法旨意，而應以一般市價加以決定價金數額。

2. 非必要之點

若 A、B 雙方對於契約的其他非必要之點，仍尚未合意時，是否會因此影響整個買賣契約的成立?所謂「非必要之點」(「常素」及「偶素」;naturalia negotii 及 accidentalia negotii)，是泛指契約「要素」以外其他可能的規範內容，例如本題的車險或是買賣契約的分期付款方式、期數等等約定。至於當事人如果對於契約的「非必要之點」並無合意，會如何影響整個已經成立的契約，應視以下情況：

⑴如果雙方當事人對於「非必要之點」有意識的終極未能達成合意，例如本題的車險贈與部分，因雙方當事人終極明確表示不合意而確定不成立，則對整個已經成立契約的影響如何，民法亦無明文規定，一般亦認為既然當事人不能達成合意，則應推定整個契約不成立❶，因為基於契約自由原則，應尊重當事人訂約之自由意願，而不應勉強當事人接受不合意之契約內容，故如果主張雖然「非必要之點」並未合意，但是整個契約仍然成立的當事人，就必須舉證，另一當事人的契約拘束意願，並不受「非必要之點」不合意，而有所影響。由本題事實觀之，雖然 A、B 之間對於車險事項，有終極明示的不合意，但是 A 卻仍然繼續和 B 為汽車買賣的磋商，並且將車開回家，顯然 A 對於契約的訂立意願，並不受車險事項不合意之影響，故可以認定 A 仍願意接受整個買賣契約之拘束，故買賣契約至此仍然成立。

⑵但如果雙方當事人對於「非必要之點」的內容未約定，都未察覺（學說稱之為契約的「無意識的不完整性」），例如本題的分期付款數額及期數，雙方當事人都未加以約定，此一情況對於整個契約成立的影響，民法第 153條第 2 項規定有：「當事人對於必要之點，意思一致，而對於非必要之點，

❶　參閱德國民法 §154 BGB。

未經表示意思者，推定其契約為成立，關於該非必要之點，當事人意思不一致時，法院應依其事件之性質定之」，可資適用，故雖然 A、B 雙方並未對分期付款數額及期數，有所約定，但是仍推定整個買賣成立。如果有一方當事人可以舉證，假設其察覺該非必要之點並無合意，就不會訂立整個契約時，則仍可以否定整個契約存在的「推定」，對此舉證，本題並無充足事實可以加以認定，故整個買賣契約最終不會因為雙方當事人並未對分期付款數額及期數有明確約定，而受影響。至於分期付款數額及期數，依條文明示，法官應就個案性質進行「補充性契約解釋」，最重要的是，法官應依民法第 148 條第 2 項的「誠實信用」原則，衡諸個案事實及雙方當事人之利益，做出最適當的契約內容規範。

結論 B 可以向 A 根據市價，請求價金給付。

名畫蒐購

A 花費精力四處尋找某市值 770 萬元之名畫。A 得知 B 擁有該畫並欲出讓，問 B 價格。B 答以 770 萬元。因 A 個人有輕微重聽關係，使得 A 誤聽為 440 萬元，A 遂答之「好」。事後 B 向 A 請求 770 萬元之買賣價金，但 A 卻向 B 表示，自始無意以 770 萬元購買該畫，而拒絕給付。有無理由？

說　明

　　意思表示在經過「外在行為」及「內在意思」的檢討後而成立，但是如要發生應有的拘束力，則尚必須滿足生效要件，始能產生。而意思表示生效要件的檢討上，學說認為「無相對人的意思表示」以發出即生效力，而「有相對人的意思表示」，民法將之區分成「對話」及「非對話意思表示」，而要求對話意思表示以發出並使相對人了解時生效（參照民法第 94 條），而「非對話意思表示」則是以發出並到達相對人時生效(參照民法第 95 條)。

　　只是所謂「有、無相對人的意思表示」，民法及學說都未有精確的定義，而僅以「表意人應向相對人為意思表示」與否為區別。精確言之，原則上如果意思表示是針對特定人為之，則應屬「有相對人的意思表示」，例如一般契約的要約及承諾，故該等意思表示如果是非對話性質，則必須到達相對人後而生效，再如少數說認為「懸賞廣告」（民法第 164 條）是一契約行為，但因該要約是向不特定人為之，所以是一「無相對人的意思表示」，只須在發出「懸賞廣告」後生效，除契約要約外，其他向特定人所為的單獨行為，例如撤銷權等等，也是一「有相對人的意思表示」。只是不排除即使是事涉特定人的意思表示，但是基於其他考量，則仍應將之歸為「無相對人的意思表示」，例如遺囑雖然事涉特定人，但是基於「保密要求」，卻仍被認為是一「無相對人的意思表示」，而以遺囑發出（簽名）後，即生效力。

擬 答

1. B 的請求權基礎

B 向 A 請求 770 萬元買賣價金的可能請求權基礎是民法第 367 條。而該請求權之存在，依民法第 345 條第 2 項之規定，必須買賣契約是以 770 萬元合意為前提。該前提又以 A、B 之間有以 770 萬元買賣該名畫之要約及承諾有效存在為必要：

(1)要 約

B 以 770 萬元出售名畫之要約意思表示清楚存在，並無問題。問題是，A 無法正確了解 B 的 770 萬元要約意思表示，是否該要約意思表示，依民法第 94 條之規定仍然生效？依民法第 94 條，對話之意思表示，以相對人了解時，發生效力，至於對意思表示的了解程度，則學說上卻有爭議。

a.一說認為，依文義「了解」自是指事實上確實的了解（所謂「理解理論」），因此只要相對人無從理解意思表示之內容，即不發生了解效力，例如如果相對人是聾子或是外國人，或是本題 A 雖然不是聾子，但卻因重聽而誤聽意思表示內容，則依「理解理論」，B 的要約並不發生效力，換言之，根據「理解理論」，最終表意人必須對相對人的誤聽結果，承擔不利益。

b.另一說認為，如果過度堅持「理解理論」，而使表意人承擔意思表示不生效力的不利益，有時會危害交易安全，因此該說認為，如果在一般的情況下，意思表示的表意人可以合理認知，相對人對於對話意思表示內容應有了解之可能性時，即發生意思表示之效力（所謂「減輕的理解理論」）⑮，而不以相對人確實了解意思內容為必要。依該說，「了解」乃指相對人對意思表示有聲音上的了解為已足，而不要求是對意思表示內容的確實認知，因此如果相對人有誤聽之情況，該不利益結果應由相對人自己承擔。對此學說爭議，此處擬答採「減輕的理解理論」，因為 A 患有輕微重聽情況，因此在從事交易行為時，應自己謹慎小心，必要時甚至必須提醒

⑮ 邱聰智，《民法總則（上）》，第 543 頁；施啟揚，《民法總則》，第 225 頁。

不知情的表意人，而再重述一次，如果 A 怠於注意自己的重聽情況，所造成的不利益自應由 A 承擔，始為合理❻。

小結： B 的 770 萬元要約，因 A 有「了解」的可能性，而發生效力。

(2)承　諾

問題也存在於，是否 A 有以 770 萬元承諾買受該畫之意思表示？是否該承諾意思表示有效存在，應就意思表示的客觀和主觀要素分別討論之：

a.客　觀

A 必須有一外在可資辨認以 770 萬元買受該畫之表示行為存在。此一客觀表示行為可為明示或默示，本題 A 答以「好」，並不可認為是明示表示要以 770 萬元購買該畫，因為「好」也可能只是表示對買價之了解而已，但不排除，A 之答「好」可能是一默示同意買受名畫之意思表示，而有必要加以解釋。買賣契約中的意思表示是一有相對人之意思表示，對於有相對人之意思表示，其客觀上表示行為之意義，依「規範性解釋」理論❼，應以社會上一般人站在相對人的立場，來如何理解意思表示為標準，換言之，即一般人以 B 的立場會如何看待了解 A 之答「好」的意思。本題 A 之前已四處蒐購該畫，且 B 之出價與市價相差無幾，適逢此一機會，A 自應斷然買受該畫才是，因此，A 之答「好」，應可被認為是默示同意買受該畫之表示行為。且該同意買受名畫之表示行為，應以 770 萬元買賣價金為內容，因由社會上之一般人的立場，可理解 A 之答「好」乃是針對 B 之 770 萬元要約所為之應買承諾。因此就客觀要素的討論上，應認定 A 有以 770 萬元應買名畫之表示行為。

b.主　觀

一個有效的意思表示，主觀上尚必須有效果意思。效果意思者，指表意人有要使其表示行為發生特定法律效果之意思，在本題，A 主觀上是要發生以 440 萬元承諾買受名畫之意思，故其效果意思是「440 萬元」，而非 770 萬元。

---

❻　不同意見：林誠二，《民法總則（下）》，第 77 頁。

❼　參閱例題 27「民法總則教科書買賣」。

小結：A 雖在客觀上有以 770 萬元買受 B 名畫的表示行為，但卻無主觀以
770 萬元應買的效果意思。因為表示行為和效果意思的不一致，形
成 A 意思表示之錯誤，且是表意人對於其表示行為「好」的意義誤
認，故屬於「內容錯誤」，依民法第 88 條第 1 項第一類型之規定，
並非無效，而是得撤銷。在 A 尚未撤銷意思表示之前，買賣契約仍
是有效成立，A 負有給付 770 萬元價金之義務。

2. B 請求權消滅原因

A 之上述以 770 萬元買受名畫之意思表示，可能依民法第 114 條及第
88 條第 1 項之規定，因 A 之撤銷而溯及自始無效。其要件如下：① A 必須
有一錯誤之意思表示存在，②必須該錯誤意思表示非因表意人 A 之過失所
形成，③ A 必須有撤銷之意思表示。討論如下：

⑴錯誤之意思表示存在，已如上述。

⑵對於民法第 88 條第 1 項的過失，學說上素有爭議，有謂是「一般抽
象輕過失」⓲，亦有謂是「重大過失」⓳。本題當 B 以口頭告知 A 賣價時，
A 自知自己有輕微重聽，對於如此重大交易，A 應考量有聽不清楚之可能，
而特別是 440 萬元遠低於市面價值 770 萬元，A 身為名畫收藏專家，使得
A 更必須警覺誤聽的可能性，此時，A 即應再詢問 B 一次賣價，即可輕易
避免誤解，而 A 卻未為之，致使錯誤發生。綜上所述，即使民法第 88 條第
1 項採「重大過失」標準，A 對錯誤之發生，亦難辭其咎。

⑶錯誤撤銷之意思表示，亦可以默示為之。本題 A 向 B 表示，自始無
意以 770 萬元購買該畫，而拒絕給付，應可依社會上之一般人的立場，合

⓲　所謂「一般抽象輕過失」，是指以一般平常人（善良管理人）對於傷害情況的
　　發生，有無「可預見性」和「可避免性」之情形，為注意判斷標準所認定的過
　　失程度，另有所謂「一般具體輕過失」，是指以行為人自己個人的能力為標準，
　　去判斷是否對傷害行為有無「可預見性」和「可避免性」而認定的過失程度。
⓳　「重大過失」則是指一般平常人（善良管理人）只要稍加注意即可對傷害情況
　　「可預見」和「可避免」，但是行為人卻未加以注意，所發生的過失程度。

理認為意思表示相對人 B，應會將之當成 A 要撤銷購買名畫之意思表示。

結論 由上所述，A 之錯誤意思表示的發生，乃因自己之過失所形成，依民法第 88 條第 1 項之規定，A 不得撤銷之。A 以 770 萬元購買名畫之契約，至此終極確定有效成立。

寬螢幕電漿電視機

A 見某電器公司在電視購物頻道, 表示要推出最新型寬螢幕電漿電視機「TK 3070」, 遂有意將其舊型電視機「TK 3007」賣掉, 改買新型機種。A 遂在其部落格上表示, 欲以 2 萬元出售「TK 3007」電視。

B 見 A 的部落格後, 遂立即打電話給 A, 但是 A 卻不在家, B 就向 A 的外傭 C 表示, 請代為轉告 A, 並請 A 在三天內, 給予回音。但是當天晚上 A 必須加班至半夜, 回到家時, 外傭 C 已經下班返家。

隔天 B 才察覺, 原來 A 要賣的「TK 3007」, 不是最新型的「TK 3070」寬螢幕電漿電視機, 遂立即打電話向 A 解釋誤認之情形, 故表示要約「不算」。此時 A 才搞懂事情的原委, 但卻表示, 買賣契約已經有效成立。

問: B 是否必須給付價金 2 萬元?

說 明

根據民法第 95 條, 非對話的意思表示以到達相對人時生效, 而到達的精確時點確定, 對於當事人利益有重大的影響, 故本題解題者必須學習抽象的「到達」定義, 並就具體例題判斷到達時點。而在日常實務案件上, 不乏當事人是透過第三人代為傳遞或是接受意思表示, 前者稱之為「表示使者」, 後者稱之為「受領使者」, 本題解題者也必須就兩者情況, 判斷意思表示的到達時點。

擬 答

1. A 的請求權基礎

A 可能可以根據民法第 367 條, 向 B 主張 2 萬元價金給付。而該價金

請求權存在的前提，則是必須 A、B 之間對「TK 3007」的電漿電視的買賣契約有效成立，而買賣契約有效成立的前提，又必須是雙方有相互合意的要約及承諾存在。

(1)要　約

a.本題的要約有可能存在於 A 在其部落格內表示要出賣「TK 3007」之行為，只是一般而言，如果出賣人就其有限的商品，卻對不特定多數人為出賣之表示，明顯地出賣人並非是要無條件接受他人承買的意思，故欠缺法效意思，而非是要約，只是欠缺拘束力的「要約引誘」而已。

b.本題中，B 見 A 的部落格後，立即打電話給 A，並表示願意購買「TK 3007」，才是一真正的要約。問題是，A 並不在家，B 就向 A 的外傭 C 表示承買之意，固然 B 已經正式發出要約，但因 A 不在家，B 請 C 代為轉告，卻因當晚 A 半夜才回家，致使 A 根本不知該事。如此已發出的要約是否生效，則不無疑問。

(a)對於意思表示的生效，依民法規定，須視是「對話意思表示」或是「非對話意思表示」而定，前者以意思表示使相對人了解而生效（參照民法第 94 條），後者則是必須到達相對人始生效力（參照民法第 95 條）。而所謂的「對話或是非對話」的意思表示，則是以當事人間是否使用可以立即直接溝通、表達意見之方式者為區分❷，可以即是「對話意思表示」，反之則為「非對話意思表示」。本題雖然 B 原是以語言而直接表達其買受之意思，但卻因為 A 不在家，故改以留言方式，由外傭 C 代為轉告，故其要約之意思表示，已非是屬於可以立即和 A 進行直接溝通、表達意見之方式，故為「非對話意思表示」❷，應以到達 A 時而生效。而所謂「到達」，民法並無明確定義，參照學說❷與最高法院 58 年臺上字第 715 號判例：「㈠非對話而為意思表示者，其意思表示以通知達到相對人時，發生效力，民法第 95 條第 1 項定有明文。所謂到達，係指意思表示達到相對人之支配領域，

---

❷　參閱邱聰智，《民法總則（上）》，第 540 頁；施啟揚，《民法總則》，第 283 頁。

❷　參閱邱聰智，《民法總則（上）》，第 545 頁；施啟揚，《民法總則》，第 230 頁。

❷　王澤鑑，《民法總則》，第 371 頁；邱聰智，《民法總則（上）》，第 544 頁。

置於相對人隨時可了解其內容之客觀之狀態而言」，要求必須意思表示①已經及於相對人可支配的領域，②而且依一般狀況，相對人應該可能可以接觸並了解該意思表示之內容時，意思表示始為到達生效。至於是否相對人事實上已接觸並了解該意思表示之內容，則在所不問。

(b)問題是，本題因為 A 半夜才回到家，故 C 無得轉告，致使 A 始終不知有 B 的買受要約存在，是否符合上述到達之要件？

①如果 A 的外傭是 A 的意思表示的受領使者，則該意思表示即已經進入 A 的所能支配的領域，而滿足第一個要件。所謂意思表示的受領使者是指，可以以自己名義，為相對人收受意思表示者❷，至於第三人是否是意思表示的受領使者，應以一般社會觀點加以認定。本題 A 的外傭並非是僅是白天來從事打掃工作而已，相反地，由題意得知應是長期整天在 A 家中，管理家中一切雜事工作者，因此對於 A 的一般生活上簡單的信件或是訊息的受理，應當都是在 C 的工作範疇才是，故應為 A 的意思表示「受領使者」。因此當 C 接受了 B 的要約訊息，該要約即是進入 A 可以支配之領域。

②至於外傭 C 是否因為語言能力欠缺，故而並無能力處理中文（或是臺語）的語言訊息轉達之工作，故致使到達的第二個要件：「A 可能可以接觸並了解該意思表示之內容」有所欠缺，則應以個案事實加以認定，但本題並無如此事實可資討論。除此之外，C 是 A 的意思表示「受領使者」，而按一般生活經驗，原本 C 應在 A 晚上下班回到家中時，即可以繼續將口訊轉告給 A，而使 A「可能可以接觸並了解該意思表示之內容」，但是本題 A 當晚卻必須加班，如此造成自己「受領使者」所發生的無法準時轉告的風險，自應由 A 自己承擔才是，故依「相對人應該可能可以接觸並了解該意思表示之內容」之概念，應以一般通常 A 準時下班回到家時為準，要約即發生效力。至於是否 A 有無事實上接獲該要約訊息，在所不問。

③因為 B 的要約已經生效，所以 B 在隔天打電話給 A，表示要約「不算」，即使有要「撤回」要約之意思，但依民法第 95 條規定，撤回之意思表示，必須先於通知或是同時到達，故 B 無法有效撤回其要約。

❷　參閱王澤鑑，《民法總則》，第 372 頁。

小結: B 的要約購買「TK 3007」已經因到達 A 而生效。

(2)承　諾

A 在電話中，向 B 表示「契約已經」有效成立，即可視為是一承諾，只是該承諾必須是在要約的有效拘束期間內為之。因為 B 表示 A 可以在三天內回覆，故是一種訂有承諾期限的要約，依民法第 158 條之解釋，A 在三天內都可以為有效的承諾。

小結: A、B 間對買賣「TK 3007」電漿電視機的契約有效成立。

2. A 請求權消滅原因

A、B 間對「TK 3007」電漿電視機的買賣契約，可能因為 B 主張撤銷，根據民法第 114 條而無效。其要件討論如下:

(1) B 必須有撤銷之理由

B 將「TK 3007」誤認為是最新型的「TK 3070」而為要約，問題是，該錯誤是民法第 88 條第 1 項第一類型的「內容錯誤」或是第 2 項的「物之性質重大錯誤」? 因為 B 自始未曾看見所欲出售的電視機，因此明顯不是對該電視機的性質有所誤解，相反地，應當純粹是對「TK 3007」的字義發生誤解，誤以為「TK 3007」就是最新的「TK 3070」，因此是一種意思表示的「內容錯誤」，而非「物之性質錯誤」。

(2) B 必須對該錯誤發生無過失

「TK 3007」和「TK 3070」雖然文字上不易被人所立即清楚注意，但是就想購買此種類型電漿電視的消費者而言，自應有所特別認識，而應提高警覺，因此 B 的誤認不可謂無過失。只是如果依目前通說❷認為，民法第 88 條之過失以「一般抽象輕過失」即為已足，則結果將幾乎沒有表意人可以成功主張錯誤撤銷，因為「錯誤」本身其實就多少隱含著過失的意涵在內，因此遂有學說❷認為有必要對民法第 88 條的「過失」概念，採嚴格解釋，而以「重大過失」為要求。此處擬答亦採此說，而因為「TK 3007」

---

❷　王澤鑑，《民法總則》，第 410 頁; 施啟揚，《民法總則》，第 301 頁。

❷　王伯琦，《民法總則》，第 162 頁。

和「TK 3070」文字實在過於相像，實在令人難以立即加以清楚區分，故應認為 B 並無重大過失存在。

(3)必須 B 有向 A 為撤銷之意思表示

問題是，本題 B 向 A 表示要約「不算」，是否是「撤銷」之意思？尚有賴進一步意思表示之解釋。因為撤銷是一有相對人的意思表示，其解釋依學說❷❻見解，應採「客觀解釋」（所謂的「規範性解釋」），即應以客觀第三人站在相對人的立場，在符合誠信原則及一般社會觀點之下，會如何理解該意思表示為標準，所進行的解釋。本題，因為 B 在電話中，已經向 A 解釋誤認之情形，故其表示要約「不算」，很清楚的是要主張錯誤撤銷，故解釋上應認為 B 確實有要主張錯誤撤銷之意思。

結論 B 因為有效撤銷買賣契約，故無須給付 2 萬元價金，但可能必須負民法第 91 條的信賴利益損害賠償責任。

[題後說明]

1.相對人將意思表示交付「受領使者」，該意思表示應何時生效？有學說❷❼認為，以交付「受領使者」時，為生效時點。對此意見，本書深感疑惑，因為果真如此，則應如何與代理人收受意思表示的生效時點區分？因此本書認為，應以「按一般社會觀點，受領使者有可能將該意思表示繼續轉達於相對人時」，為生效時點才是。例如本題不是當外傭 C 收下 B 的訊息時，要約發生效力，而是以 A 通常下班回家之時點為準，因此如果 A 回到家，而外傭 C 卻忘記轉告，該風險應由 A 自行承擔，要約亦自此時起，發生效力。

2.至於如有學說參照民法第 1003 條第 1 項的文義：「夫妻於日常家務，互為代理人」，而認為夫、妻是受領意思表示的消極代理人（參照民法第 103 條第 2 項），似乎是對親屬法理論有所誤解。對此，待日後於「親屬法」的實例研習叢書中，再加以說明。

❷❻　參閱 Köhler, Allgemeiner Teil des BGB, S. 169; 王澤鑑,《民法總則》,第 438 頁。
❷❼　王澤鑑,《民法總則》, 第 372 頁。

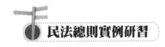

3.最後，受領使者及表示使者之判斷標準，係以是否有為相對人受領意思表示之權限而定，如果認定本題 C 不是 A 的「受領使者」，而是 B 的「表示使者」，則 C 的延遲傳達要約的結果，就應改由 B 來承擔。

彩色印表機

　　A 經營線上購物。某次要以 7000 元促銷某品牌的雷射印表機，遂交代網頁操作員 B，在網頁上登載之，但 B 卻登載成：「HR-1200 雷射印表機，7500 元」。

　　C 半夜在家中上網，見該網頁，遂以電子郵件 (E-mail) 寄給 A，表示願意購買兩臺，但 C 隨之後悔，遂又立即以電子郵件，表明只要購買一臺。隔天 A 上班時，開啟電子信箱，見到 C 的訂購郵件，遂立即以快遞寄發兩臺印表機給 C。

　　不久，A 察覺網頁內容有誤，且亦發覺原來所要出售的 HR-1200 印表機不是「黑白」而是「彩色」雷射印表機，故立即打電話給 C，表示要「撤回」買賣契約。而 C 則堅持兩臺印表機的買賣契約有效成立。

　　問：誰有道理？

🎙 說 明

　　根據民法第 95 條，非對話意思表示以到達相對人時發生效力，只是隨著現代科技的進步，人類社會的通訊方式，日新月異，再也不僅侷限於電話或是信件，例如現在的 E 世代，都已經改以 E-mail 或是即時通 (MSN) 為重要的通訊工具，用以傳遞意思表示，故意思表示在民法第 95 條的「到達」要求下，應何時生效？不無討論之必要。除此之外，現代科技的設計，也為我們帶來不少尚留待解決的「到達」法律問題，例如被系統刪進「垃圾信箱」的電子郵件，究竟是否因到達相對人而生效？

　　同樣，在講求效率的現代社會，契約的成立亦講求迅速，以符合經濟效益，如果仍嚴格講求意思表示的到達，始生效力，勢必影響契約的成立效率，故本題解題者也必須適時說明，何時意思表示無須到達相對人即生效力。

擬　答

1. C 的請求權基礎

　　C 可能可以向 A 主張給付兩臺 HR–1200 彩色印表機的請求權基礎是民法第 348 條第 1 項。而該請求權存在的前提，必須 A、B 之間有合意以單價 7500 元買賣兩臺 HR–1200。以下遂就買賣契約有效成立所需的「要約」及「承諾」，分別加以討論：

(1)要　約

　　a.本題可能可以將 A 的網頁內容當成是要約，只是因為該網頁是對不特定人為出賣之意思，原則上應認定 A 無接受拘束之意思，故非是要約，而只是「要約引誘」而已。

　　b.本題真正的要約應該是 C 所寄發的電子郵件。問題是要約的內容究竟是一臺或是兩臺？

　　(a) C 所寄發的第一封郵件，內容表明是要購買兩臺，只是是否該要約已經生效？今日交易所用的電子郵件，如同一般信件般，都是屬於當事人無法直接立即進行溝通、表達意見的「非對話意思表示」，依民法第 95 條第 1 項之規定，應以到達相對人時，始發生效力。而所謂「到達」是指，①及於相對人之支配領域，②而依一般狀況，相對人應該可能可以接觸並了解該意思表示之內容，即為已足。依學說❷❽見解，當電子郵件進入相對人的伺服器，使得相對人得以隨時打開閱讀，就是已進入相對人的支配領域❷❾，只是本題因為 C 的電子郵件是在半夜進入 A 的信箱，依一般社會觀

---

❷❽　參閱例題 9「網路拍賣環保袋」。如果是被系統刪進「垃圾郵件」的意思表示，本書認為，因一般而言，相對人不會去收取垃圾郵件，所以並無可能可以接觸到該郵件，故未到達。如有反對意見認為，基於系統誤刪的情況，並不少見，所以一般相對人也必須隨時去察看、收取垃圾信件，則系統區分「一般郵件」及「垃圾郵件」就不再有意義，至於系統本身辨別垃圾郵件的不完美性，則是所有使用該系統之人所必須承擔的科技結果。

點，應當不會要求當事人半夜去收取電子郵件，故此時 A 尚無接觸該要約之可能，故該要約仍尚未因到達而生效❸。

(b) C 隨之又發出第二封電子郵件，表明只要購買一臺，解釋上應認為是要撤回原先要約之一部分，而仍保留購買一臺的部分要約。而因為前一封電子郵件的要約，尚未到達生效，所以根據民法第 95 條第 1 項但書，C 可以有效撤回前要約之一部分，而只剩購買一臺的要約部分。

小結： C 有以 7500 元購買一臺 HR-1200 印表機的要約。

(2) 承　諾

問題是，是否 A 也有以 7500 元出賣一臺 HR-1200 印表機的承諾存在？A 承諾的意思表示，必須就客觀及主觀要素加以討論：

a. 客　觀

(a) 意　義

A 寄出兩臺印表機之行為，可以將之當成是承諾。只是 A 所承諾的內容是兩臺印表機，和 C 要約一臺印表機不符，是一種「數量上擴張原要約」，是否應直接適用民法第 160 條第 2 項「拒絕原要約，視為新要約」的解釋規則，而認為 A 新要約 C 只能同時購買兩臺？實不無疑問，而有必要加以解釋 A 的意思究竟如何。本題不論 A 是否已經知道 C 撤回原先購買兩臺的要約，對於 A 的「數量上擴張原要約」的解釋，本題擬答都傾向認為，A 應該有意是要就一臺印表機加以承諾，而另一臺印表機的寄送，則是一新要約，因為如此的解釋較能充分符合 A 的交易利益之故，如果將「數量上擴張原要約」一概直接適用民法第 160 條第 2 項，其結果既不利於 A，往往也無法符合表意人之真意，故為不宜。

(b) 生　效

尚必須討論，是否 A 的承諾及新要約已經生效？

① 承　諾

雖然 A 的寄發印表機行為是一「非對話意思表示」，必須以到達相對人

---

❷　參照電子簽章法第 7 條。

❸　參閱邱聰智，《民法總則（上）》，第 545 頁。

C 始生效力（參照民法第 95 條第 1 項），但是根據民法第 161 條第 1 項規定：「依習慣或依其事件之性質，承諾無須通知者，在相當時期內，有可認為承諾之事實時，其契約為成立意思實現，無須到達 C 即生效」，此一無須到達相對人，即因一定事實而生效之意思表示，學說❸稱之為「意思實現」，本題出賣人 A 事先未以對話或是信件方式，向 C 為承諾之意思，即直接寄發物品，就商業交易講求時效的觀點上，明顯是被大眾所接受之習慣，因此當出賣人 A 將印表機寄出時，承諾即生效力，此時即使 A 發現有錯，也不能再撤回承諾之意思表示（參照民法第 95 條第 1 項但書）。

　　②新要約

　　不同於「承諾」的時效性要求，而有「意思實現」的適用，「（新）要約」卻仍必須要求確實到達相對人始生效力，否則要約只是因為物品的寄發而生效力，相對人根本不知有要約的存在，又如何承諾？因此 A 如果在第二臺印表機尚未寄達於 C 時，立即以電話加以撤回，即生撤回之效力。

小結：A 確實承諾了 C 以 7500 元購買一臺印表機的要約，但是卻有效撤回對 C 的出賣第二臺印表機的新要約。

　　b.主　觀

　　A 卻是想以 7000 元出賣 HR-1200 印表機，因此構成對其意思實現內容的認知上錯誤（參照民法第 88 條第 1 項第一類型的「內容錯誤」）。

　　除此之外，A 主觀上也誤認 HR-1200 是黑白印表機，故也構成民法第 88 條第 2 項的「物之性質重大錯誤」。

小結：雖然 A 的意思表示有錯誤存在，但是在 A 尚未撤銷之前，A、B 間就一臺 HR-1200 印表機的買賣，以 7500 元之價格有效成立。

2. A、C 間的買賣契約可能因 A 撤銷其意思表示而無效（參照民法第 114 條、第 89 條及第 88 條第 1、2 項）

⑴撤銷原因

　　A 必須有錯誤意思表示，且無重大過失。

---

❸　林誠二，《民法債編總論（上）》，第 83 頁。

　a.對錯誤過失標準，本題擬答採「重大過失」，以避免錯誤撤銷適用範圍過於狹隘。本題 A 對其網頁操作員的一般輸入結果，雖未再加以確認，不無過失之處，但基於商業經營活動的分工，似也不應過於苛責 A 必須凡事躬親檢查，故應僅是一般抽象輕過失，而非重大過失，不排除 A 仍可以主張錯誤撤銷。但因本題契約是成立在「7500 元」，而 A 主觀卻是想以「7000元」出售，雖然 A 確實是有意思表示錯誤，但該錯誤非但沒對 A 帶來不便，尚且為 A 帶來 500 元之利益，若 A 堅持依此而主張錯誤撤銷，明顯地不符合常理及一般價值判斷，而有權利濫用之嫌，故應認為基於「誠實信用原則」（參照民法第 148 條第 2 項），A 不能主張其對價金數額有「內容錯誤」撤銷。

　b.但 A 卻可以主張因為「物之性質重大錯誤」，而撤銷其意思表示。

⑵撤銷之意思表示

　本題雖然 A 在電話中向 C 表示「撤回」，但是意思表示之解釋不應拘泥於字義，故對於有相對人之意思表示，依「規範性解釋」應以一般第三人在相對人立場，會如何合理解釋意思表示之意義為準，進行解釋，在此一標準下，應認為 A 的「撤回」也包括有意要消除訂約瑕疵之意思表示，故確實有「撤銷」之意思。

結論 A 可以撤銷和 C 的買賣契約，而無須給付印表機給 C。

例題 **14**

停車場的定型化契約*

某大學副教授 L 趁年假帶全家到萬華某寺廟上香，並將汽車停放於寺廟旁的地下停車場。該停車場在出入口處，放置一個告示牌，上面寫明：「遺失停車證明文件，以停車十小時計」，L 駛進停車場時，卻未注意該告示，僅僅停車兩小時，但卻遺失停車證明文件，停車場遂要求十小時的停車費用給付，L 拒絕之。

問：誰有道理？

說 明

定型化契約的運用，在今日社會的某些行業上，已成常態，而其存在的事實上理由在於對一些數量龐大的交易類型，業者當然不可能和個別的顧客為契約磋商，而只能藉由預先的契約為訂約範本，以節省時間。也因此，定型化契約的訂立，也往往會對顧客帶來極大的不利益，原因一是顧客往往並無法詳閱定型化契約洋洋灑灑的內容，二是即使顧客知道定型化契約的內容，也並無任何商議的空間，而只能全盤接受。有鑑於此，民法及特別法（消費者保護法）即針對上述定型化契約可能對顧客所產生的不利益，進行立法規範，而嚴格要求：①定型化契約成立的必要方式，及②條款應有的實質內容，以保護顧客權益，故解題者對於定型化契約的檢視，也永遠必須就該二部分加以仔細討論及回答。

擬 答

停車場可以向 L 請求十小時費用給付的請求權基礎，可能是根據雙方所約定的定型化契約條款。而該請求權成立的前提是，該定型化契約條款

---

*本例題為作者所親身經歷。

確實有效成立。當 L 將汽車駛入停車場，即是一要約，而停車場透過機器，出示停車證明文件，則是承諾，雙方成立民法第 421 條的租賃契約，殆無疑義。問題是，該停車場所使用的定型化契約條款，是否也構成租賃契約內容之一部分？是否有效？

1. 定型化契約條款構成契約內容的要件檢查

(1)根據消費者保護法第 2 條第 9 款，對「定型化契約」所下的定義是：「指以企業經營者提出之定型化契約條款作為契約內容之全部或一部而訂定之契約」，但該條文卻未能清楚描述定型化契約之概念，而有必要繼續參酌消費者保護法第 2 條第 7 款規定：「定型化契約條款：指企業經營者為與不特定多數消費者訂立同類契約之用，所提出預先擬定之契約條款。定型化契約條款不限於書面，其以放映字幕、張貼、牌示、網際網路、或其他方法表示者，亦屬之」及民法第 247 條之 1 規定：「依照當事人一方預定用於同類契約之條款而訂定之契約」，由該等規定可知定型化契約是指「一方當事人以①預先準備好的契約條款，②且該當事人也欲將該條款一般適用到其他相同情況的一種契約型態❷」。按該要件，即使本例題停車場是以設置告示牌方式表示契約條款，亦是構成「定型化契約條款」，故本例題的停車場租賃契約確實是「定型化契約」，且停車場也是企業經營者，故適用消保法有關定型化契約之相關規定，殆無疑義。

(2)根據消費者保護法第 13 條之規定：「定型化契約條款未經記載於定型化契約中者，企業經營者應向消費者明示其內容；明示其內容顯有困難者，應以顯著之方式，公告其內容，並經消費者同意受其拘束者，該條款即為契約之內容」，可見，本題的定型化契約條款要成為定型化契約之一部分內容，須有以下要件：

a.應對適用定型化契約的當事人，指示條款內容。而指示的方法有如下之可能：

(a)直接記載於定型化契約中。

---

❷ 參閱朱柏松，《消費者保護法論》，增訂版，第 19 頁以下。

(b)向消費者明示其內容。

(c)公告。

本題中的停車場顯然是採用「公告」定型化契約條款內容之方式，但是採用「公告」的前提必須是，當「明示其內容顯有困難者」，因為本題是一大型的停車場，且使用車輛眾多，故未採用人工收費方式，而是以機器管理收費方式，故無法對每位車主「明示」定型化契約條款內容，一般而言，如此的大眾化使用設備，基於人工事實管理之困難，採用「公告」定型化契約條款方式，確實是可以被接受的經營情況。至於是否該公告有以符合「顯著之方式」為之，則屬事實認定問題。

b.消費者必須同意接受該定型化契約條款

此要件是最有問題之部分，也是以「公告」定型化契約條款方式下，最常見之爭議。一般而言，只要企業經營者以「顯著之方式」公告了定型化契約條款，當消費者，本例題 L 一旦將車駛入停車場，而成立租賃契約時，即可以認定其亦接受了顯著公告的條款，至於 L 是否確實有了解該條款內容，則在所不問。除非是在特別的情況下，例如 L 根本毫無意識有定型化契約條款存在的可能性時，則可以認定其主觀上無意接受該條款，L 即可以主張並無法效意思存在，而類推適用意思表示「內容錯誤」撤銷。只是就今日定型化契約普遍使用之情況下，L 應可以認知在機械化管理的大眾停車場，適用定型化契約條款的可能性，如 L 要舉證主張無「法效意思」，實頗為困難。

(3)定型化契約條款要構成契約內容，尚必須根據消保法第 11 條之 1 第 1 項，給予消費者有適當的審閱期：「企業經營者與消費者訂立定型化契約前，應有三十日以內之合理期間，供消費者審閱全部條款內容」，如欠缺審閱期，則不構成契約內容（參照消保法第 11 條之 1 第 2 項）。但明顯地該審閱期的規定，對於「立即性契約」而言，例如一般立即必須停車的消費者，並不可行，而應認為當事人默示同意排除適用，否則將使停車場的定型化契約無任何事實上適用的可能性。

(4)根據消保法第 14 條規定：「定型化契約條款未經記載於定型化契約

中而依正常情形顯非消費者所得預見者，該條款不構成契約之內容」，此乃所謂「驚訝條款」❸。所謂「驚訝條款」不是違反「誠實信用」原則，而是定型化契約條款內容，已超出一般消費者的想像，至於是否如此，則應以一般社會觀點加以認定。本例題中所爭議的定型化契約條款規定，「遺失停車證明文件，以停車十小時計」，基本上尚難謂超出一般消費者想像，因為如果消費者遺失停車證明，即無從計算停車費用，則自應有適當條款規範費用的給付，因此該條款的約定自仍應是在一般合理的想像中，和「驚訝條款」的禁止，並無牴觸。

小結： 本題停車場的定型化契約「計費條款」，確實構成定型化租賃契約之一部分內容。

2. 定型化契約條款效力的檢查

為保護無議約能力的消費者，即使定型化契約條款構成契約內容之一部分，但是仍必須不違反相關的消費者保護規定，否則該條款即為無效。而定型化契約條款無效的最主要根據，即是消費者保護法第 12 條的規定：「定型化契約中之條款違反誠信原則，對消費者顯失公平者，無效。定型化契約中之條款有下列情形之一者，推定其顯失公平：一、違反平等互惠原則者。二、條款與其所排除不予適用之任意規定之立法意旨顯相矛盾者。三、契約之主要權利或義務，因受條款之限制，致契約之目的難以達成者」。問題是，「遺失停車證明文件，以停車十小時計」有無違反「誠實信用」原則？特別是比例原則？對於每日都會進行清查及清場管理的停車場而言，為避免有人藉口遺失停車證明文件，而圖整天停車之利益，故在比例上以每日「十小時」停車費計算，和一天二十四小時相較，其實尚符合比例原則，更遑論根本不清場的停車場。至於可否認為該停車場絕大部分是供寺廟香客使用，而寺廟香客停留的時間絕難有十小時以上，是故不符比例原

---

❸ 參閱朱柏松，《消費者保護法論》，增訂版，第 21 頁，朱柏松教授並對消保法第 14 條和第 13 條之間的文意矛盾提出說明。

則？只是例題中的停車場並非只針對香客開放，因此，如此有針對性的抗辯，也實難以被接受。

結論 停車場向 L 請求十小時的停車費用給付，是為有理。

紙箱裡的定型化契約條款

　　A 為應付學校日漸加重的功課，遂在光華商場購買一臺最新型的桌上型電腦。A 將電腦拿回家後，打開紙箱，見紙箱中附有一張電腦生產商 B 所附的保證卡及定型化契約條款，並且寫明顧客可以在購買後一星期內，將保證卡寄回，即會依所約定條款發生瑕疵擔保效力。因為 A 急於使用電腦，所以無時間細讀，又為取得廠商的瑕疵擔保效力，對於定型化契約條款內容也不以為意，就將之簽名寄回。

　　A 在使用兩個月後發現電腦有不正常運作情況，才急忙找出保證卡，其中寫明：「⑴電腦如有故障，顧客無須支付任何費用，本公司保證修復到好。⑵買受人放棄對出賣人的其他所有瑕疵擔保權利」。A 只得將電腦搬上計程車，送到電腦生產商 B 的修理部門。A 在苦等一星期後，仍未見 B 通知修復，因為 A 必須使用電腦，完成課業報告，遂向律師詢問，得否解除契約，或是請求計程車費用償還？

說　明

　　對於定型化契約內容的規範，原則上應適用民法的相關規定，例如定型化契約條款不能違反法律強制規定（參照民法第 71 條）或是違反公序良俗（參照民法第 72 條）等等。但畢竟民法規定是建基於雙方當事人擁有同等議約能力下的契約自由原則而制訂，但定型化契約卻是明顯的僅一方當事人擁有絕對的議約影響力，另一方當事人只能全盤接受或是拒絕，所以將民法規定適用於定型化契約，有時即會出現不利於顧客的不公平情形，而窒礙難行，所以立法者遂在消費者保護法中，規範有別於一般民法的特別規定，以期能夠符合定型化契約的本質，所以案例解題者往往也必須注意到此等的特別規定。

擬 答

1. B 所提供的保證卡的定型化契約，是否成立?

電腦生產商 B 在紙箱內所附保證卡的內容，是 B 預定要重複用於相同種類契約的條款，所以是一定型化契約條款的要約（參照民法第 247 條之 1 及消費者保護法第 2 條第 7 款），其是否能成為有效的契約，尚有待消費者 A 的承諾。而是否 A 有承諾條款內容，則有待進一步的解釋:

⑴因為 A 在購買電腦時，尚未見到紙箱內的條款，因此單是在購買行為的時候，仍不足以認定 A 已經對條款內容有所承諾。

⑵ A 真正可能承諾，是在打開紙箱看到保證卡之後的使用電腦之事實，但僅是如此仍尚難認定，A 主觀上即有默示願意接受保證卡內容之意思，否則就等同電腦廠商單方面強迫加諸顧客接受定型化契約條款。只是本題 A 明知廠商要求顧客必須將保證卡寄回，才生瑕疵擔保效力，而 A 依其所言將保證卡寄回，即可以認定，A 確實有接受定型化契約條款拘束之意思，故該條款因而成立❸❹。

小結: 保證卡的定型化契約，確實成立。

2.定型化契約條款文義模糊的解釋

A 所根據的⑴條款內容，所謂「顧客無須支付任何費用」，即受有修復的服務，是否只指「無須支付修復費用」或是也包括消費者無須支付「送修的運費」? 因為條款內容不清，故有待解釋釐清。對於契約的解釋，為求交易安全，學說認為應採「規範性解釋原則」，即以一般人的社會觀點，會如何客觀理解契約內容為解釋標準，在此一解釋原則下，是否「顧客無須支付任何費用」，僅指「修復費用」本身，或是也包括無須支付「送修運送

---

❸❹ 例如許多學校在僱傭教師時，會以寄送聘書為要約方式，而在聘書內陳列教師所必須遵守的（定型化）契約義務內容，當受聘教師寄回聘書回函為承諾後，該等定型化契約條款即構成定型化僱傭契約之內容。

費用」，則頗有困難，因為一方面由條款前後文內容解讀，此處所指的「費用」應可能僅指「修復」費用而已，但另一方面「桌上型」電腦體型頗大，一般人搬動不易，往往必須使用大型交通工具，故送修的運送費用支出，自是平常而可以被想像，因此客觀上也可能會被認定當事人 B 也願意負擔運送費用。對於如此模糊而難以被解釋認定的定型化契約條款內容，消費者保護法第 11 條第 2 項規定：「定型化契約條款如有疑義時，應為有利於消費者之解釋」，一方面以保護無議約能力的消費者，二方面擬定條款的企業經營者，應當自己承受其條款內容模糊的不利益，始符合公平。所以結論上應認為保證卡內容的(1)條款，包括 B 必須負擔運送費用，即負有義務將電腦由 A 處取回修理，而本題 A 卻為 B 之利益加以送修，而有為 B 管理之事實，故 A 可以依民法第 176 條第 1 項的正當無因管理，向 B 請求計程車費用償還。

小結： B 必須對 A 負擔電腦送修的運費支出。

3.定型化契約條款不構成契約內容或無效

　　雖然定型化契約有效成立，但是條款(2)卻有可能因為基於消費者保護法之規定，而無法成為定型化契約之一部內容，或是無效，則 A 仍未喪失對光華商場出賣人的民法第 359 條的買賣契約解除權。可能考慮的條文如下：

　　(1)消費者保護法第 14 條的「驚訝條款」：「定型化契約條款未經記載於定型化契約中而依正常情形顯非消費者所得預見者，該條款不構成契約之內容」。按此，凡是定型化契約條款內容，依照一般人的合理想像，是不應存在者，如此條款即不會構成定型化契約內容。本題電腦生產商 B 所提出的保證卡內容(2)，竟然不是用以規範自己和消費者之間的法律關係，卻是擴大規範消費者和第三人（電腦出賣人）的法律關係，對於一般人而言，如此超出契約當事人法律關係主體的規範，實不尋常，故成為「驚訝條款」而不構成定型化契約內容，甚為合理。

　　(2)消費者保護法第 12 條第 2 項第 2 款：「條款與其所排除不予適用之任意規定之立法意旨顯相矛盾者」，無效。有鑑於出賣人的「物之瑕疵擔保

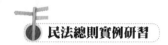

責任」，是買賣契約的核心規定，更是所有買受人所期待應有的權利，如果未經由和買受人個別的諮商，而是在定型化契約中將之排除，將嚴重撼動買賣契約責任基礎及傷害交易安全，故應認定本題的保證卡條款(2)違反消費者保護法第 12 條第 2 項第 2 款而無效。

小結： 不論是根據消費者保護法第 14 條或是第 12 條第 2 項第 2 款，A 對出賣人主張瑕疵擔保解除之權利，均不消滅。

4.定型化契約條款的「一部無效」效力

由上述可知，A 所出示的保證卡條款(1)有效成為定型化契約內容，而條款(2)卻無效（或是不成為契約內容）。只是 B 可以根據民法第 111 條：「法律行為之一部分無效者，全部皆為無效。但除去該部分亦可成立者，則其他部分，仍為有效」，主張因為條款(2)無效（或是不成為條款內容），所以條款(1)亦應隨之無效。相反地，消費者 A 則必須舉證，B 即使在條款(2)無效（或是不成為條款內容）之情況下，仍有意願要遵守條款(1)之意思，只是該舉證誠為困難，故消費者保護法第 16 條對定型化契約條款「一部無效」有特別對消費者有利之解釋規定：「定型化契約中之定型化契約條款，全部或一部無效或不構成契約內容之一部者，除去該部分，契約亦可成立者，該契約之其他部分，仍為有效」，依此，當定型化契約條款中一部無效（或是不成為條款內容），則推定整個契約條款仍是有效，而如果電腦生產商 B 要主張，在條款(2)無效（或是不成為條款內容）之情況下，其並無有要遵守條款(1)之意思，則必須由 B 對此負舉證責任。

結論 即使條款(2)無效（或是不成為條款內容），整個條款(1)仍是有效，故 A 可以對 B 主張送修運費的償還，或是對光華商場出賣人主張解除買賣契約。

第二節　行為能力

未成年人受領清償

　　18 歲高中生 A，出售自己所有的機車一部給 B，價金 2 萬元。B 給付價金給 A，A 卻因一時不小心遺失該 2 萬元。A 的父親得知後，氣憤異常，而親自要求 B 必須再給付一次。

　　問：A 的父親主張是否有理？

說　明

　　民法將未成年人區分成 7 歲以下的無行為能力人，及 7 歲到 20 歲的限制行為能力人（參照民法第 13 條），而分別在民法第 75 條規定：「無行為能力人之意思表示，無效」，在民法第 77 條規定：「限制行為能力人為意思表示及受意思表示，應得法定代理人之允許。但純獲法律上之利益，或依其年齡及身分，日常生活所必需者，不在此限」，用以周全保護未成年人之交易安全及利益。

　　因為未成年人無法為有效的法律行為而參與社會交易，故須由其法定代理人代為之，且依民法第 1084 條以下之規定可知，未成年人的法定代理人，即其父母親對未成年人的財產事務，擁有監護權及代理權，因此父母親對未成年子女的財產事務的監護，會如何影響整個未成年人的法律行為效力，遂成為本題所要釐清的關鍵問題。

擬　答

　　A 可以向 B 請求給付 2 萬元買賣價金的請求權基礎，可能是民法第 367 條。

1. A 請求權的有效成立

該請求權成立的前提必須是，A、B 之間買賣契約有效成立。

⑴根據民法第 77 條，因 A 是限制行為能力人，其所為的意思表示除非是「純獲法律上之利益」或是「依其年齡及身分，日常生活所必需者」，否則必須得到法定代理人之允許，始生效力。A 出售機車給 B，因為 A 必須依買賣契約移轉機車所有權並交付之，所以不是一種純獲法律上之利益的法律行為，而出賣機車，一般而言，也不是一位高中生的日常生活所必需的行為，殆無疑義，因此 A 所為的買賣契約，效力未定。

⑵根據民法第 79 條，如果 A 的法定代理人事後承認該買賣契約，則亦生效力。本題 A 的父親因為要求 B 必須再給付價金一次，故解釋上可以認定 A 的父親有意默示承認 A 所為的買賣契約。

2. A 請求權的消滅原因

A 的民法第 367 條價金請求權，是否會因 B 的曾經給付，而發生民法第 309 條的清償法律效果而消滅?民法第 309 條第 1 項規定:「依債務本旨，向債權人或其他有受領權人為清償，經其受領者，債之關係消滅」，故所必須檢查的要件如下:

⑴給付必須依債之本旨

出賣人根據民法第 367 條，必須給付價金於買受人，換言之，出賣人必須使買受人取得價金所有權，始符合債之本旨。

價金所有權移轉是一（物權）契約行為，因為 A 是限制行為能力人，故原本必須得到法定代理人之同意，始生效力（參照民法第 77、79 條），但如果契約行為對限制行為能力人是「純獲法律上之利益」，則無須法定代理人之允許，契約即生效力（參照民法第 77 條但書），而價金所有權移轉行為，是使 A 取得價金所有權，故自是屬於「純獲法律上之利益」的行為，故即使未得到其法定代理人之允許，A 亦順利取得價金所有權。

雖然 A 取得價金所有權，但有學說❸認為，要發生民法第 309 條的清

償法律效果，除須債權人依債之本旨取得給付之外，尚必須債權人和債務人雙方之間有一「清償契約」（所謂「清償契約說」），始能發生清償效果。如果依此說，則限制行為能力人 A 所訂立的「清償契約」，因會發生債權消滅效果，所以該契約不是「純獲法律上之利益」，尚必須得到其法定代理人之承認。而本題因為 A 的父親要求 B 必須再給付一次，故明顯並無要承認「清償契約」的意思，因此雖然 A 取得價金所有權，但是並未發生清償效果，所以 A 的法定代理人再請求 B 清償給付一次，是為有理。只是依今日學說❸已不再採「清償契約說」，而改採所謂「事實清償說」，即只要給付內容符合債之本旨，無須再有「清償契約」存在，即生清償法律效果。

(2)須向有受領權人為清償

但如依「事實清償說」，則本例題因為 A 是 18 歲之未成年人，卻因此發生清償法律效果，對於 A 的保護實有欠周慮，故民法第 309 條又要求債務人必須向「有受領權人」給付，始能生清償效果，而參照民法第 1084 條第 2 項可知，因為未成年人的法定代理人對於其財產上事務擁有監護權，故受領債權給付之權利也應僅存於法定代理人處才是❸，所以債務人 B 雖然向 A 給付 2 萬元價金，但是因為 A 欠缺受領權，故並不發生清償之法律效果，故 A 的民法第 367 條的價金給付請求權仍未消滅，A 的法定代理人向 B 主張再給付一次，是為有理。

結論 為求保護未成年人的財產利益，故宜認定債權受領權人僅限於 A 的法定代理人，確實是合理之見解。故本題 A 的父親主張是為有理。

[題後說明]

1. A 所取得的價金所有權，因為 A 並非受領權人，故並不合債之本旨，所以並不發生清償之法律效果，自屬不當得利，因此 B 可以向 A 主張給付型不當得利請求返還。只是 A 卻把價金遺失，以致無法返還，故必須返還相當價額（參照民法第 181 條但書），但如此結果則無異於要求未成年人必

---

❸　黃立，《民法總則》，頁 210。

❸　同上註。

❸　參閱鄭玉波，《民法債編總論》，7 版，第 507、508 頁。

須負起有效的契約責任（終極受領、保有標的物，而支付相當代價），而有違民法保護未成年人法律行為責任的立法旨意，故學說❸認為未成年人對於給付所得利益返還，並無民法第181條但書之適用，故本題A終究無須返還所受領的價金。

2. 或許解題者對於最終「擬答」結論，頗感驚訝與不解，但是為求保護未成年人的財產利益，確實店家（即債務人）不宜將買賣標的物品或價金交付給一個未成年人，否則不生清償效力。解題者更可以想像，如果有一個18歲的未成年人，拿一張中了20萬元的統一發票，欲向銀行主張給付，銀行主管真的可以直接向其給付？或是應要求必須有法定代理人一起陪同？

3. 限制行為能力人的「日常生活所必需」的法律行為，因貴在迅速解決法律關係，故便宜行事，而無須得到法定代理人之允許，即生效力，因此該「日常生活所必需」的清償受領權，不同於「純獲法律上之利益」，自應認為是在未成年人本身為宜。

---

❸　參閱例題20「受監護宣告之人的法律責任」。

贈與不動產給孫子

A 和其 19 歲的孫子 B（父母已亡）相依為命。A 有鑑於自己的年紀已大，體力漸漸不行，遂有意要在 B 成年前一個月，將其值錢的房子贈與給 B，但是又想要能繼續居住在該房子，遂在友人建議及見證下，和 B 以書面完成「附負擔贈與」契約，言明 B 必須同意 A 可以永久居住在該房子，並依書面將房屋所有權移轉登記給 B，只是該房子上也有一筆設定給銀行的抵押權存在。兩年後，A 因孫子生活揮霍，欲取回房子。而 B 拒絕之。

問：當事人間法律關係如何？

說　明

民法第 77 條規定：「限制行為能力人為意思表示及受意思表示，應得法定代理人之允許」，以保護限制行為能力人從事交易行為的安全。只是民法第 77 條但書卻又規定有：「但純獲法律上之利益，或依其年齡及身分，日常生活所必需者，不在此限」，使得限制行為能力人所為的「純獲法律上之利益」的法律行為，在無須得到法定代理人之允許下，即刻發生效力，所以民法第 77 條但書的「純獲法律上之利益」的適用範圍及判斷，不但是法律理論上所被津津樂道的問題，亦成為民法總則「行為能力」章節的重要考題。

擬　答

1. B 是否取得房子所有權？

B 如要主張取得房子所有權，必須其和 A 之間根據民法第 758 條，雙方當事人間有讓與所有權「合意」及完成所有權移轉「登記」之事實，且

根據民法第 760 條，應以書面為之。完成所有權登記及書面，殆無疑義，問題是雙方當事人的讓與所有權的「合意」，是否有效？

讓與所有權的「合意」是一契約行為，而因為 B 只有 19 歲，仍是限制行為能力人，其所為的契約除非是「純獲法律上之利益」或是「日常生活所必需者」，否則都必須得到其法定代理人 A 之同意，始能生效（參照民法第 77、79 條）。而本題僅須就前者為考量：

(1)就 A 取得所有權之效果而言，確實所有權讓與合意行為，是「純獲法律上之利益」，至於 B 可能因為贈與契約中約定有附負擔之義務，基於物權行為無因性，該負擔對於 B 取得所有權的法律上利益，並不予以考量。

(2)但問題是，該房子上仍存有抵押權，且不會因為所有權移轉而消滅（物權的追及性），換言之，新所有權人 B 將成為抵押人，而負有容忍銀行實行抵押權的義務，是否仍可謂是「純獲法律上之利益」？對此學說❸❾認為，畢竟抵押權不是對個人的請求權，而是一對不動產的物權，因此仍非是對限制行為能力人個人有法律上之不利益可言。

小結：B 有效取得房子所有權。

2. B 是否必須將房子所有權返還？

A 可否主張民法第 179 條的「給付型不當得利」，請求 B 返還房子所有權？關鍵在於，A、B 之間的附負擔贈與契約，是否有效成立，而構成 B 取得房子所有權的法律上原因？而 A、B 間附負擔贈與契約，效力有無的考量如下：

(1)民法第 166 條之 1

依該條第一項規定，凡是負有移轉不動產所有權之契約，包括贈與契約在內，都必須在公證人處完成公證，始生效力。明顯本題 A、B 之間的贈與契約並未符合該條要式性之規定，因此贈與契約無效（參照民法第 73 條），附負擔約定的部分，當然亦隨之無效（參照民法第 111 條）。

只是 A 已經將房子所有權移轉登記給 B，根據同條第 2 項規定，本為

❸❾　王澤鑑，《民法總則》，第 355 頁。

無效之契約即可被治癒，而致使整個契約，包括附負擔部分，仍為有效。（依民法債編施行法第 36 條第 2 項但書規定，本條施行日期由行政院會同司法院另訂之。）

(2)民法第 77、79 條

因為在贈與契約成立時，B 仍只有 19 歲，是限制行為能力人，其所為的契約除非是「純獲法律上之利益」或是「日常生活所必需者」，否則都必須得到其法定代理人之同意，始能生效。而本題僅須就前者為考量：

a.民法第 77 條但書所要求的是「純獲法律上之利益」，換言之，只要是使限制行為能力人負有任何法律上義務的法律行為，即非是純獲法律上之利益，而典型純獲法律上之利益者，即是如贈與的單務契約，因為受贈人並不會因贈與契約而負有任何的給付義務。但問題是「附負擔的贈與」（參照民法第 412 條），會使得受贈人也必須負有履行負擔之義務，故學說❹認為並非是民法第 77 條但書所要求的「純獲法律上之利益」之行為。

b.因為 B 所為的「附負擔贈與」非是「純獲法律上之利益」，故仍必須得到法定代理人 A 之同意，對 B 始發生效力。問題是如 B 以 A 的法定代理人身分（參照民法第 1094、1098 條），允許 A 和自己訂立「附負擔贈與」，是否應類推適用民法第 106 條的「自己代理」，而無效? 民法第 106 條的立法目的是在於避免當事人間有「利益衝突」之情形，因此如果代理人所為的法律行為並無「利益衝突」之情形，則基於對民法第 106 條的目的性限縮解釋❹，應為例外許可而有效，典型的例子如代理人無償贈與物品給本人，對於本人而言是「純獲法律上之利益」，因此「自己代理」即為許可。但是本題卻是「附負擔贈與」，故值得考慮的是，本題 A 原本是房子所有權人，在贈與 B 後，A 僅剩取得對房子的居住權，明顯並無利益可言，是否有「利益衝突」問題，實不無疑問。雖然如此，本題擬答仍必須肯定本題的「利益衝突」，而不許可 A 代理其孫為允許，因為如果同意即使不是

---

❹ 施啟揚，《民法總則》，第 274 頁。

❹ 參閱王澤鑑，《民法總則》，第 488、489 頁；王澤鑑，《民法學說與判例研究(四)》，第 51 頁以下。

民法總則實例研習

「純獲法律上之利益」之「附負擔贈與」，法定代理人也可以為未成年人「自己代理」，豈不就迴避而掏空了民法第 77 條但書為了對未成年人的保護，所嚴格要求的「純獲法律上之利益」的要件？故結論上，本題法定代理人 A 代理未成年人 B 同意 A、B 間所為的「附負擔贈與」，違反禁止自己代理之立法旨意，在未得到特別代理人（參照民法第 1086 條第 2 項）承認前，尚未生效。

3.民法第 81 條第 1 項

因兩年後，B 已經成年，根據民法第 81 條第 1 項規定：「限制行為能力人於限制原因消滅後，承認其所訂立之契約者，其承認與法定代理人之承認，有同一效力」，因此 B 的拒絕返還，可視為其承認之前所訂的「附負擔贈與契約」，故至此「附負擔贈與契約」終極確定有效。

結論 A 向 B 主張給付型不當得利，請求返還房子所有權，並無道理。

超貴的腳踏車

　　17 歲的 A，剛考上高中，父親 B 遂給予 2 萬元，以資鼓勵，並表示只要是正當用途，都可以使用該筆金錢。因為 A 必須每天通學，而且看電視購物頻道頻打「折疊式」腳踏車廣告，所以有意購買一輛腳踏車代步。A 頻頻在市場上比價之後，終於向 C 購買一輛價值 1 萬 8 千元的折疊式腳踏車，A 給付 1 萬 8 千元，約定明天取車。

　　隔天 A 取車時始發現隔壁腳踏車店，所賣的同型腳踏車更便宜，遂立即以身上的 1000 元為定金購買之。C 久久不見 A 來取車，遂打電話聯絡，恰好為 B 所接聽，C 始知 A 是 17 歲的高中生，C 頗感不安，遂給 B 一個月的時間，要求確認買賣契約。因為 B 對 C 的說話口氣頗感不悅，因此反而要求 C 必須返還 1 萬 8 千元。

　　問：B 的主張是否有理由？

說　明

　　限制行為能力人的行為能力受有限制，除「純獲法律上之利益」或是「依其年齡及身分，日常生活所必需者」之外，其所為的法律行為必須得到法定代理人的允許或是承認，始生效力（參照民法第 77、79 條）。在實務案例上不乏法定代理人的允許內容，含糊不清，以致發生爭議，或是法定代理人事後的承認，不能為相對人所充分理解，使得法定代理人必須再為承認，其間的法律問題分析，亦考驗解題者對民法對未成年人行為能力保護的理解程度。

擬　答

　　C 可能可以向 A 主張價金給付的請求權基礎是民法第 367 條。而該請

求權存在的前提是，A、C 之間買賣契約有效成立。問題是，A 是限制行為能力人，其所為的買賣契約，因事先未得其法定代理人 B 的允許，且明顯也非是「純獲法律上之利益」，故效力究竟如何，不無討論之餘地：

1. 民法第 77 條但書

根據民法第 77 條但書，如果該契約行為對 A 而言，是「依其年齡及身分，日常生活所必需者」，則買賣契約即為有效。雖然購買腳踏車作為上學的交通工具，就高中學生日常生活而言，尚非屬少見，但是依條文文義，仍須斟酌該腳踏車的價值，是否符合高中學生之身分，而為判斷。一部價值 1 萬 8 千元的腳踏車，所費不貲，實是頗為奢侈，已經是超出一般高中生所能負擔的價格，故不應認為仍是符合高中學生日常生活所必需，所以該買賣契約不會因而當然有效。

2. 民法第 84 條

限制行為能力人 A 所為的契約行為，根據民法第 77 條，如果得到法定代理人事先之允許，契約有效，而民法第 84 條規定：「法定代理人允許限制行為能力人處分之財產，限制行為能力人，就該財產有處分之能力」，即是進一步具體化法定代理人的允許範圍。本題法定代理人 B 給予 A 2 萬元時，曾表示「只要是正當用途，都可以使用該筆金錢」，而以腳踏車為代步工具，事屬適當，故自是在民法第 84 條 B 所允許的處分範圍內，換言之，A 對該 2 萬元之特定財產用於購買腳踏車，擁有被允許的處分權限，而依學說❷見解，該允許亦及於負擔行為，否則民法第 84 條的規範目的，即不完整。問題是，本題 A 以其零用錢，一共做了兩個腳踏車買賣契約，究竟以何者為有效？有學說❸認為，應以限制行為能力人事實上處分該筆金錢用以履行的負擔行為，才是法定代理人所默示允許之行為。

基於更能細緻、精確解釋法定代理人的默示允許，本題擬答亦認為應

---

❷　王澤鑑，《民法總則》，第 350 頁。

❸　Paland/Heinrichs, §110 Rdn. 1.

以 A 真正處分該筆零用錢用以履行的買賣契約為準，即以 A、C 所訂立的買賣契約，始是法定代理人所允許之契約。問題是，A 曾經以 2 萬元中的 1000 元，當成買賣契約的定金，處分給第二個買賣契約的出賣人，是否意謂該買賣契約亦是法定代理人所默示允許的標的？本題擬答認為，如果就保護限制行為能力人思慮不周之考量，除非其已經完全履行了買賣契約的價金給付，否則雖然只是部分價金的給付，仍有受保護的必要，因此僅僅只是定金的給付，如果 A 事後後悔，仍應避免其受自身思慮不周所帶來之不利益，故應認為本題第二個買賣契約仍非是法定代理人所默示允許的負擔行為。

3.相對人的催告確認

本題 C 在事後打電話，要求 B 在一個月內解決問題，根據意思表示解釋，C 的意思可以被認為是要 B 在一個月內為承諾答覆，而 B 卻立即反對。問題是，是否已經因為事先允許而生效的買賣契約，可以在相對人請求法定代理人確答下，經過法定代理人的拒絕承認，而失去效力？民法第 80 條規定：「前條契約相對人，得定一個月以上期限，催告法定代理人，確答是否承認。於前項期限內，法定代理人不為確答者，視為拒絕承認」，似乎並無直接適用之情形，但是參照德國民法第 108 條第 2 項❹明文規定及類推適用的許可❺：「如果契約相對人有要求法定代理人確答者，則法定代理人只能向契約相對人為承諾意思表示，之前向未成年人的承諾即為無效」，解釋上本題擬答認為，已經因為事先允許而生效的買賣契約，可以在相對人的請求確答下，經過法定代理人的拒絕承認，而失去效力！因為相對人不知法定代理人是否在私下已經有「允許」或是「承認」之表示，故要求法

---

❹　§108 II BGB: "Fordert der andere Teil den Vertreter zur Erklärung über die Genehmigung auf, so kann die Erklärung nur ihm gegenüber erfolgen; eine vor der Aufforderung dem Minderjährigen gegenüber erklärte Genehmigung oder Verweigerung der Genehmigung wird unwirksam."

❺　參閱 Jauernig, §108 Anm. 1。

定代理人最終確答，即是相對人同意消滅之前法定代理人私下所為的「允許」或是「承認」，而仍願意再給法定代理人一次機會，以徹底釐清法律關係，對於法定代理人而言，可以正式對外表示其對契約效力的看法，再有一次思考機會，對之亦無不利益可言，故本題雖然法定代理人 B 之前已經對 A 有「允許」之意思表示，但是如在相對人 C 要求確答時，而為拒絕之意思，應以「拒絕」為準才是 ❹。

[結論] 之前 B 對 A、C 間的買賣契約，所為的允許無效。所以終極 C 並無價金請求權。

[題後說明]

　　民法第 80 條所要求的催告確答，必須要有一個月以上之期限，而本例題 C 所給 B 的期限正是一個月，自無問題。但是實務案件上，民法第 80 條的「一個月以上」期限規定，是否符合事實需要，卻不無疑問，例如本題所涉及金額並不大，當事人通常給予三天或是一個星期的期限，即為合理，實難想像會有當事人給法定代理人一個月以上的期限，去思考僅僅 1 萬 8 千元的承認或是拒絕。因此民法第 80 條應有修法必要，而改以「合理期限」較為符合法律實務。

---

❹　同樣地，如果法定代理人私下已經為「拒絕」之表示，基於相對人有權了解目前的法律狀態，法定代理人當然也必須再向相對人確答一次，而不能以之前已經有所表示，而拒絕再答覆一次。

例題 **19**

限制行為能力人的零用錢

　　A 有鑑於其小孩 B 已經上國中，日漸有生活瑣碎零用的需要，故答應每月給他 2000 元的零用錢。因近來校園同儕之間流行遙控飛機，因此 B 也想擁有一架，只是一架最新型的「T 43」遙控飛機價值 1 萬 5 千元，B 一時之間並無那麼多錢，頗為苦惱。若：

1. B 和店家 C 約定以分期付款方式，以其每月的 2000 元零用錢作為分期給付。

2. B 自此每月將其零用錢儲存下來，終於在一年半後，共儲得 1 萬 5 千元，遂向店家 C 購買遙控飛機。

3. B 以其零用錢購買大樂透，幸運得彩金 2 萬元，而高興的向店家 C 購買遙控飛機。

　　A 得知後，大怒。

　　問：以上三種情形，契約效力分別如何？

⬤ 說　明

　　未成年人動支父母親所給的「零用錢」從事法律行為，是「行為能力」章節中最為困擾的法律問題，因為父母親基於小孩已經漸漸長大，而需要有適當的生活所需開銷，故給與小孩「零用錢」，並同意小孩可以支用，但是另一方面父母親卻又會擔心子女會不當使用「零用錢」，而造成不利益，因此對於未成年人動支使用「零用錢」的範圍確認，遂成為法律人所必須做的抉擇。

◥ 擬　答

　　B 和 C 所為的買賣契約，固然不是民法第 77 條但書中的「純獲法律上之利益」行為，但是否為「依其年齡及身分，日常生活所必需者」，則不無

討論之空間。雖然國中生玩遙控飛機，尚屬於符合其年齡的正當娛樂活動範圍，但是一架價值 1 萬 5 千元的遙控飛機，就一個國中生而言，仍是屬於高價位的物品，因此對之所為的買賣契約，本題擬答認為難謂是「日常生活所必需者」，因此民法第 77 條但書之要件，終不成就，故 B 和 C 所為之買賣契約，根據民法第 77 條本文，尚必須有法定代理人 A 的「允許」，始能生效。而 A 給 B 每月 2000 元的零用錢，解釋上即可以認為 A 默示允許 B 可以自由處分該筆金錢[47]，屬於民法第 84 條所規範的範疇（即民法第 84 條是民法第 77 條本文的具體化條款），但問題是，民法第 84 條的允許並非是完全無範圍限制的，換言之，不代表 A 即默示允許 B 可以處分使用零用錢，去訂立任何的負擔行為（買賣契約）。A 給 B 零用錢，默示允許 B 可以處分的範圍，究竟為何？尚須根據零用錢本身的功能及教育意義，加以解釋之後，始能探得。

1.分期付款行為

一般而言，學說[48]都不同意，未成年人可以使用零用錢去訂立一個「分期付款買賣」，因為此種買賣方式並不符合法定代理人給予零用錢的意思。蓋「分期付款買賣」是一種便於買受人財務調度的價金給付方式，固為買受人所樂意接受，但是就其本質而言，實是一種信用的擴張，換句話說，是一種「借貸行為」，如果買受人日後無法順利清償價金，對於買受人的信用，將造成極大的傷害。基於如此的信用風險上不利益，故解釋上應認為此種買賣方式，不在法定代理人所同意的範圍，自是有理。

2.零用錢積少成多

B 每月將其零用錢儲存下來，終於擁有足夠的 1 萬 5 千元，而一次付

---

[47] 一般人可能會誤會，家長給小孩零用錢的意義是在希望小孩能夠將「零用錢」存下、儲蓄，而無默示允許處分。但果真如此，「零用錢」就失去「零用」的本質及意義，而不再是「零用錢」。

[48] Köhler, PdW, BGB AT, S. 41.

清購買遙控飛機，仍不在法定代理人的默示允許範圍。因為既稱「零用錢」，顧名思義，其功能應是為滿足小孩日漸成長所需的生活上小願望，故家長所默示允許的零用錢用途，也應僅限於小孩「小小願望的滿足」，而不及於數額極大的法律行為，否則就失去零用錢的功能及意義。本題 B 所為 1 萬 5 千元的遙控飛機買賣，對於一個國中生而言，數額不可謂不大，故自不在法定代理人 A 當初給予零用錢的默示允許範圍之內。

3.零用錢的「替代」

B 以其零用錢，購買「大樂透」彩券之行為，是否在零用錢所默示允許之範圍，實不無疑問，因為畢竟彩券所代表的是一種「射倖」行為，具有僥倖、投機的性質在內，對於一個未成年人的教育而言，尚難謂是符合常理，甚且是一種負面教育，故解釋上，也難以認定是在法定代理人可以允許處分零用錢的範圍。

雖然限制行為能力人 A 所購買的「大樂透」彩券，不在法定代理人所允許的範圍，但弔詭的是，如果該彩券因而中獎，基於人性，卻往往可以認定整個行為，都為法定代理人所事後承認（參照民法第 79 條），故為有效。只是限制行為能力人如果擅自處分彩金，是否仍為有效，則不無疑問。對此，學說❹認為，理論上應將限制行為能力人處分零用錢的所得，當成是原先零用錢的「替代」（代替物），因此當初允許可以處分零用錢，也應及於零用錢的「替代」才是。如此，則本題如果限制行為能力人 B，將彩金之部分用以花費在小額的事務上，例如看電影、購買花朵送女同學，都仍應在其法定代理人 A 的允許中，而為有效。但是如果 B 是將全部彩金購買價值 1 萬 5 千元的昂貴遙控飛機，已經超出法定代理人當時允許處分零用錢所可合理期待之範圍，自然仍難謂是在法定代理人的允許範圍中了。

結論 上述三個買賣契約都因欠缺法定代理人 A 的允許，且由 A 得知後大怒可推知，其並無承認之意，故三種情形均為無效。

---

❹　王澤鑑，《民法總則》，第 351 頁。

受監護宣告之人的法律責任

　　A 因為長期處於工作壓力下，致使心神狀態每下愈況，已經到難以控制之狀況，因此其家人遂聲請「監護宣告」獲准。但經過相當時期治療後，A 的精神狀況頗佳，已經能夠自己料理事務，家人有考慮聲請撤銷監護宣告。

　　某次 A 外出逛街，看到路邊的麵線好吃，而自己肚子又餓，但是因為家人不讓 A 身上帶錢，可是 A 卻心想，反正自己是「受監護宣告之人」，所為的契約無效，遂叫了一碗麵線。等吃完後，A 即向店家 B 表明身上無錢，店家頗為無奈。不久之後，A 因已經完全療癒而心神恢復正常，故「監護宣告」被撤銷。

　　問：店家應如何處理？

說　明

　　在民國 97 年 5 月 2 日立法院修正民法總則第 14 條以下之後，「禁治產制度」將完全由「監護制度」取代，並在公布日（5 月 23 日）後一年六個月正式施行（參照民法總則施行法第 4 條之 2），而根據民法總則施行法第 4 條之 1 規定：「民法規定之禁治產或禁治產人，自民法總則中華民國九十七年五月二日修正之條文施行後，一律改稱為監護或受監護宣告之人」。雖然「禁治產制度」將為「監護制度」所取代，但是修正後的「監護制度」，對於受監護宣告之人所為的財產行為效力，其實並無變動，仍和原先「禁治產制度」有著相同的效果。

擬　答

1. A 的契約責任

　　店家可能可以根據民法第 367 條，向 A 主張麵線的價金給付。而該請

求權存在的前提，必須是店家和 A 之間的買賣契約有效成立。

本題因為 A 是受宣告監護之人，根據民法第 15 條規定：「受監護宣告之人，無行為能力」，及民法第 75 條前段規定：「無行為能力人之意思表示，無效」，故 A 所為的契約無效。至於 A 在為買賣契約當時是否意識正常，並非所問❺⓪。甚至即使店家表示並不知 A 為「受宣告監護」之人，故應受交易安全保護之主張，在民法第 75 條中，亦不加以考量，因為就立法者的價值判斷上，對行為能力的保護，優先於交易安全。

只是不乏有學說❺①認為，民法第 77 條但書文義本身，雖然只針對「限制行為能力人」，但不論是「純獲法律上之利益」或是「依其年齡及身分，日常生活所必需者」，對於無行為能力人，亦不應排除有類推適用之餘地。果真如此，因為本例題 A 是叫了一碗「麵線」，屬於金錢數額並不大的日常生活上常見的食物，故是「日常生活所必需者」，應無疑義，如此似乎買賣契約應屬有效。只是如就法律體系解釋觀之，本題擬答認為民法第 77 條但書應無得類推適用，因為如果民法第 77 條但書可以類推適用於無行為能力人，則同樣基於對無行為能力人的利益考量，民法第 79 條：「限制行為能力人未得法定代理人之允許，所訂立之契約，須經法定代理人之承認，始生效力」，是否也可以類推適用於無行為能力人？如果可以，則法律體系上區分「無行為能力人」及「限制行為能力人」將不再有任何意義。基於如此，本題擬答仍堅持民法第 77 條但書無類推適用於無行為能力人之可能。

雖然 A 的「監護宣告」事後因心神意識恢復正常，而被撤銷，但是並不影響先前 A 所為行為的無效。民事訴訟法第 617 條第 2 項規定❺②：「在撤銷禁治產宣告前，禁治產人所為之行為，不得本於宣告禁治產之裁定，而主張無效」，並不適用，因該條文僅指自始的「不當宣告監護」的撤銷❺③，而非是指事後監護原因消滅的撤銷。除此之外，A 也無須負締約上過失責

---

❺⓪　參閱邱聰智，《民法總則（上）》，第 178 頁；鄭玉波，《民法總則》，第 112 頁。

❺①　施啟揚，《民法總則》，第 94 頁。

❺②　民事訴訟法第 517 條第 2 項尚未隨民法總則的廢止禁治產人制度而修正。

❺③　參閱王甲乙、楊建華、鄭健才，《民事訴訟法新論》，第 844 頁。

任（參照民法第 245 條之 1），因為雖然締約上過失責任是一法定債之關係責任，而非意思表示責任，但是學說❺卻仍一致認為，對於無行為能力人的締約上過失責任，仍有行為能力規定之適用，以完整保護其利益。

小結：店家無得對 A 主張民法第 367 條的價金請求。

2. A 的不當得利責任

店家可能可以根據民法第 179 條及第 181 條但書的「給付型不當得利」，向 A 主張麵線的價金給付。問題是，因為 A 已經把麵線吃完，是否可以主張民法第 182 條第 1 項的「所得利益不存在」，而免負返還義務？

民法第 182 條第 1 項的適用，端視 A 是否因此而有整體財產上的費用節省而定❺。如有所節省，則 A 不能主張其所得利益已不存在。因為本題 A 肚子餓，本就必須為餐飲支出費用，而今食用麵線，因契約無效而免給付價金，自當也節省了本應對餐飲支出費用，故理應肯定其所得利益並未不存在，而必須依民法第 180 條但書，返還麵線的相當價額。

但即使是在不當得利的法律關係中，學說對於行為能力欠缺之人，仍認為應有相當程度保護之必要，例如在本題如果最後肯定無行為能力人 A 必須依民法第 180 條但書，償還相當麵線的價金利益，則豈不啻否定民法對於無行為能力人所為法律行為之保護？因此學說❺見解認為，即使行為能力欠缺之人所得的不當利益因消耗而有費用節省，行為能力欠缺之人亦無須返還該利益的相當價額。

3. A 的侵權行為責任

雖然行為能力欠缺之人的法律行為責任，受民法之保護，但其仍須負應有的侵權行為責任。本題 A 明知自己身上沒錢，自恃仍受監護宣告中，因此所為之契約無效，而意圖免費白吃麵線，不無「以背於善良風俗之方

---

❺ 參閱王澤鑑，《債法原理第一冊──基本理論債之發生》，第 277、278 頁。

❺ 參閱最高法院 41 年臺上字第 637 號判例。

❺ 參閱例題 16「未成年人受領清償」。

法加損害於他人」之嫌（參照民法第 184 條第 1 項後段），故只要其行為當時有清楚的識別能力（參照民法第 187 條第 1 項），即必須負侵權行為損害賠償責任。

受輔助宣告之人的行為能力

　　由職場退休許久的老人 A，因為年紀越來越大，生活起居出現極大不便，而心智亦隨之逐年退化，雖然仍能辨識事務，但是卻頗為吃力。A 的兒子 B 為不使 A 因而有事務管理上的不利益出現，遂聲請法院為「監護宣告」。

　　在監護宣告審理期間，A 思考再三，決定以公證書面授與代理權給旅居國外的女兒 C，委其代為處理所有財產上的事務，並特別指明可以代為處理不動產相關事項，並告知法院此事。就在該信尚未寄抵 C 處時，法院對 A 為「輔助宣告」，並以 B 為輔助人。

　　不久之後，C 代理 A 出賣土地一筆，但為 B 所反對。

　　問：該買賣契約效力如何？（本題必須適用自民國 98 年 11 月 23 日開始施行的「輔助宣告制度」）

🗨 說　明

　　民國 97 年 5 月 2 日立法院修正民法總則第 14 條以下，將「禁治產制度」取消，而改由「監護制度」及「輔助宣告制度」的雙軌制所取代，堪稱是對民法意識能力保護制度的重大變革。依修正後的民法第 14 條規定，「監護宣告」是對因精神障礙或其他心智缺陷，致不能為意思表示或受意思表示，或不能辨識其意思表示效果之人而為之，依民法第 15 條之 1，「輔助宣告」則是對於因精神障礙或其他心智缺陷，致其為意思表示或受意思表示，或辨識其意思表示效果之能力，顯有不足之人為之，而「受監護宣告之人」所為的法律行為，無效（參照民法第 15 條），「受輔助宣告之人」所為的法律行為，應得輔助人之同意，始能生效（參照民法第 15 條之 2）。此一新制度的施行，其間所可能發生的法律問題，包括宣告程序的爭議、實體要件的認定，及「受輔助宣告之人」所為法律行為的效力問題，都亟

待法界持續討論及解決。

擬　答

C 代理 A 所為的買賣契約對 A 是否能發生效力，端視民法第 103 條的要件是否成就：① C 為一法律行為，② C 以 A 本人名義為之，③ C 必須有代理權，而其中又以第三個要件，有所爭議。討論如下：

1. C 必須有代理權

C 的代理權可能來自於 A 的意思表示而授與（參照民法第 167 條）。A 授與 C 代理權時，因意識尚稱清楚，故不會因民法第 75 條而無效，問題是在該代理權授與尚未到達 C 生效前（參照民法第 95 條第 1 項），A 卻被法院為「輔助宣告」，是否會因此而使得 A 先前所為的代理權授與不生效力？

法院所為的輔助宣告，依民法第 15 條之 2 之規定，將會使得 A 在某些行為範圍內，行為能力受到限制❺❼，而雖然民法第 15 條之 2 所限制的行為範圍並無「代理權授與」，但是如果受輔助宣告之人所為的代理權授與，其內容如有涉及條文所規範的相關事項，如本題 A 授權委託 C 代為處理所有財產上的事務，基於代理人所為的法律行為直接對「受輔助宣告之人」發生效力，本題擬答認為，該代理權授與亦須得到輔助人之同意，始能生效，才符合對受輔助宣告之人保護的立法意旨。本題 A 授與代理權給 C，明顯會涉及民法第 15 條之 2 之限制範圍，故理應得輔助人 B 之同意，始生效力，但是依民法第 95 條第 2 項之規定：「表意人於發出通知後死亡或喪失行為能力或其行為能力受限制者，其意思表示，不因之失其效力」，所以雖然 A 所為的代理權授與，在尚未到達 C 而生效前，A 即受輔助宣告而行為能力受限制，惟其代理權之授與在受輔助宣告前即發出，故無須得到輔助

---

❺❼　就法律理論上而言，「受輔助宣告人」的行為能力並未受到影響，只是就某些特定行為範圍，「受輔助宣告人」必須得到輔助人之同意，始能生效，故精確言之，應說是「受輔助宣告人」的行為能力「形同」受到限制而已，而成為「準限制行為能力人」。

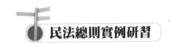

人之同意，在代理權授與之意思表示到達 C 處時，即發生效力。

2.輔助人反對意定代理的代理行為

雖然 C 有代理權，而代理 A 為土地買賣，但是 A 的輔助人 B 卻加以反對，兩人所發生的意思衝突，應如何解決？

(1)首先必須討論，法院所為的「輔助宣告」及「輔助人選定」是否不當,而可以提起撤銷(參照民事訴訟法第 609 條第 2 項及第 616 條第 1 項)，或並無衝突可言？

a.就程序而言，原本 B 所聲請者是「監護宣告」，但是法院卻為「輔助宣告」，是否不當？如法院超出當事人訴之聲明而為裁判者，本應屬不當(訴外裁判)，但是民法第 14 條第 3 項卻有特別規定：「法院對於監護之聲請，認為未達第一項之程度者，得依第 15 條之 1 第 1 項規定，為輔助之宣告」，而賦予法院可依職權逕為「輔助宣告」，本題事實指出，A 仍能辨識事務，自是尚未達監護宣告所要求的「對於因精神障礙或其他心智缺陷，致不能為意思表示或受意思表示，或不能辨識其意思表示之效果者」(參照民法第 14 條第 1 項)，故法院改為「輔助宣告」自是有理。

b.就實體要件而言，依民法第 15 條之 1 之規定：「對於因精神障礙或其他心智缺陷，致其為意思表示或受意思表示，或辨識其意思表示效果之能力，顯有不足者」，法院即可依聲請權人之聲請，為輔助之宣告。該條原文並不以受輔助宣告之人無處理自己事務能力為必要，但是基於憲法對於人格權，特別是意思決定自由之保障，及參考保護受宣告之人能順利處理事務之立法目的觀之，解釋上應以受聲請人有受「輔助宣告」之必要為要件才是。因此，本題應考慮的是，既然 A 已經有效授與代理權給 C，為 A 處理所有事務，是否法院仍有為輔助宣告之必要？法院所應考量的是，是否 A 的代理人 C 足以代理 A 處理其事務？本題因為代理人 C 仍在國外，是否能順利處理 A 所有日常瑣碎事務，實不無疑問，因此法院認為 A 仍有「輔助宣告」之必要，實可以接受。

c.受輔助監護宣告的輔助人選定，不同於舊法對於「禁治產人」的監

護人選定，有強制的人選選定順序性規定（參照舊民法第 1111 條），依新修正後的民法第 1111 條之 1 及第 1113 條之 1，法院對於輔助人的選定應注意以下事項，加以選定：「法院選定監護人時，應依受監護宣告之人之最佳利益，優先考量受監護宣告之人之意見，審酌一切情狀，並注意下列事項：一、受監護宣告之人之身心狀態與生活及財產狀況。二、受監護宣告之人與其配偶、子女或其他共同生活之人間之情感狀況。三、監護人之職業、經歷、意見及其與受監護宣告之人之利害關係。四、法人為監護人時，其事業之種類與內容，法人及其代表人與受監護宣告之人之利害關係」，可見法院首先應尊重受聲請人之意願，而本題 A 在法院上已經表明授與代理權給 C，但是法院卻仍選定 B 為 A 的輔助人，是否不當？但觀同條第 1 款之規定，法院審酌 C 居住國外，故而事實上欠缺輔助之能力，而改以選定 B 為輔助人，自仍是基於受聲請人之利益，故並無不適當。

小結：法院所為之「輔助宣告」及選定 B 為輔助人，合法而有效。

　　(2) A 受輔助宣告，依民法第 15 條之 2 第 1 項第 5 款之規定，其所為的不動產買賣契約及處分行為，在未得到輔助人 B 同意之前，不生效力。只是本題 A 的代理權授與行為，不因事後的輔助宣告而無效，故其代理人 C 所為之不動產買賣處分行為，自應獨立於輔助人之同意，而直接生效才是，否則一方面即等同否認輔助宣告前，受輔助宣告之人所為代理權授與法律行為的效力，另一方面亦使輔助宣告有溯及效力，使受輔助宣告之人先前所為代理權授與的法律行為無效，而於法不合。固然民法第 1112 條之 1 第 1 項規定有：「法院選定數人為監護人時，得依職權指定其共同或分別執行職務之範圍」，但除有特別正當理由外，法院始得類推適用而加以指定 B、C 二人共同執行事務，否則法院仍應參考當事人 A 要使 C 成為單獨代理人，而可以獨立代理 A 處理事務的意願，而加以尊重為宜（參照新民法第 1111 條之 1 及第 1113 條之 1）。

結論 C 所為之買賣契約對 A 發生效力。

例題**22**

受輔助宣告之人的子女監護權^{❺⁸}

A未婚生下一女B，生父是C。因為A略有智障，家人遂聲請法院「輔助宣告」，獲准。

問：　1.現在誰是B的監護權人？

　　　2.A能否代理B，接受生父C的贈與？

　　　3.C表示願意贈與一棟房屋給A，A卻拒絕。家人應如何為之？

說　明

依民法第15條之2規定，受輔助宣告之人所為的法律行為必須得到輔助人之同意，始能生效，換言之，受輔助宣告之人的行為能力即受有限制，在此一新制度下，對於受輔助宣告之人的親子法定代理權，將發生如何的影響？實不無討論之必要。

擬　答

1.受輔助宣告之人的子女人身監護權

A未婚生下B，根據民法第1065條第2項規定，生母A無須經由認領，即視為B是A的婚生子女，而取得對其監護權。至於生父C，只要無

---

❺⁸　民國85年修正親屬法後，親屬法條文已不再使用父母「監護」權字眼，故學說有以「照護」取代「監護」之議。但父母對未成年子女，除負有照顧、保護義務（亦為權利）外，亦有監督義務，例如父母對未成年子女在監督義務上有所疏失時，則尚必須對第三人負損害賠償責任（參照民法第187條），因此「監護權」一詞的使用，實是較「照護權」更能精確表達父母對未成年子女所能行使的權利及義務內涵，故仍為本書所偏愛而繼續採用。

認領之事實，B 只是其非婚生子女，C 並未取得對 B 的監護權。問題是，A 受輔助宣告，是否會影響 A 對 B 的監護權？根據民法第 15 條之 2 的規定觀之，「輔助宣告」法律上的效果僅是在限制對受輔助宣告之人的法律行為效力，所以雖然 A 受輔助宣告，但是對子女一般人身上監護權的行使，例如撫育或是教養上的權利，都不應受到影響，而仍是 B 人身上的監護權人，除非有民法第 1091 條之情形，才需另外設置監護人。

2.受輔助宣告之人的子女法定代理權

A 是否可以代理 B，接受生父 C 的贈與？取決於 A 的監護權中的法定代理權限（民法第 1086 條第 1 項），是否會因 A 受輔助宣告而受影響？

⑴民法第 15 條之 2 所限制的是受輔助宣告之人自己為特定的法律行為，必須得到輔助人之同意，始能生效，用以保護受輔助宣告之人的交易安全，對於受輔助宣告之人所為的代理行為，並不在禁止之列。況且，代理行為對於輔助宣告之人而言，是一無損益的中性行為，應比照學說意見，而認為基於民法第 15 條之 2 但書規定，「純獲法律上利益」行為不需得到輔助人同意的立法旨意，代理行為對受輔助宣告之人並不會生法律上之不利益，故不應加以禁止才是。換言之，受輔助宣告之人原則上不應被禁止為代理行為才是（參照民法第 104 條）。

⑵只是受輔助宣告之人能否再行使其對子女的法定代理權，因為事涉未成年子女的利益，不能不有特別考量。

a.為避免受輔助宣告之人，代理子女為不利益的行為，聲請人可能可以根據民法第 15 條之 2 第 1 項第 7 款規定,指定受輔助宣告之人為子女代理行為時，亦需得到輔助人同意。只是輔助宣告制度，目的是在保護受輔助宣告人之利益，而非是為第三人利益，因此聲請人如此主張，實不無疑問，法院不應許可才是。

b.根據民法第 1091 條，如果未成年人的父母無法行使監護權（代理權）時，應置監護人，但是受輔助宣告之人，對於處理事務能力並非是完全喪失，而僅是不足而已（參照民法第 15 條之 1），故是否受輔助宣告之

人的心智狀態，一定等同無法行使對子女的代理權，亦不無疑問，而仍應就個案認定。

c.是否受輔助宣告之人（或是限制行為能力之人），仍得代理子女為法律行為，我國民法並無明文規定，參照民法第 104 條規定，並不禁止❺⁹。因此是否受輔助宣告之人代理子女所為的法律行為，可以對子女發生效力，仍應回歸親屬法規定，而加以判斷。本題 A 代理其女 B，接受 C 的贈與，對 B 而言是一純獲法律上利益之行為，故即使 A 是受輔助宣告之人，亦無須有加以禁止之考量，故為有效代理。

3.輔助人不是受輔助宣告之人的法定代理人

受輔助宣告之人所為的法律行為必須得到輔助人之同意，始生效力，以保護受輔助宣告之人的交易安全，但卻無得強制受輔助宣告之人必須為特定的積極行為，因此即使 A 的家人也不能根據民法第 15 條之 2 第 1 項第 7 款，聲請法院指定 A 必須接受 C 的贈與。再者，因為民法第 1113 條之 1 並無準用民法第 1098 條第 1 項之規定，所以輔助人也並不是受輔助宣告之人的法定代理人，換言之，當 A 拒絕接受 C 的贈與，即使輔助人也不能代理受輔助宣告之人 A 接受 C 的贈與。

---

❺⁹　相同意見：戴炎輝／戴東雄，《親屬法》，2004 年 5 月新修訂 2 刷，第 471 頁。

受監護宣告及受輔助宣告的身分行為效力

　　A 今年 75 歲，喪偶獨居。因為年紀已大，所以精神狀態有時頗為異常，例如記憶力不佳，甚至有時無法正確說出孫子的名字，或是也曾發生過迷路情況，只是 A 有時卻也能和子女正常聊天，甚至也能回憶以前的往事。

　　近來頻頻有婚姻仲介來向 A 探詢再婚，以締結第二春的可能性。A 的子女深怕父親被「假結婚」所詐騙，詢問律師，可有預防的法律措施？（本題討論新修訂的監護制度）

擬　答

1.受監護宣告的可行

　　為避免 A 思慮不周而倉促結婚，以致造成身分行為上的不利益，其子女可能可以考慮依民法第 14 條，聲請法院為監護宣告，而依民法第 15 條之規定：「受監護宣告之人，無行為能力」，並依民法第 75 條前段規定：「無行為能力人之意思表示，無效」，如此即可能使其結婚意思表示無效。

　　(1)監護制度是取代原先民法的「禁治產制度」，而依原先學說❻見解認為，舊民法第 15 條的規定：「禁治產人，無行為能力」，及民法第 75 條前段規定：「無行為能力人之意思表示，無效」，僅限於財產事務的範圍，對於身分行為的效力判斷，並不適用。果真如此，則一個「禁治產人」的身分行為效力判斷，必須取決於該禁治產人在結婚時，有無清楚的意識能力為準，只有在清楚意識能力下所為的結婚契約，始為有效，否則應依民法第 996 條規定，而得撤銷。

　　(2)民法修正後的「監護制度」是要取代原先的「禁治產制度」，一個受

---

❻　邱聰智，《民法總則（上）》，第 178 頁；黃立，《民法總則》，第 207 頁。

監護宣告之人的身分行為效力，是否仍可以援用之前學說見解，實不無疑問。本題擬答認為，參照「監護制度」的修正理由：「本次修正『成年監護制度』，重在保護受監護宣告之人，維護其人格尊嚴，並確保其權益。鑑於現行『禁治產』之用語，僅有『禁止管理自己財產』之意，無法顯示修法意旨，爰將本條『禁治產』，修正為『監護』」，應可以清楚理解，為求完整保護無行為能力人的意識人格權，民法「監護制度」的行為能力保護，已經擴及財產行為以外的「身分行為」保護，即受監護宣告之人為無行為能力人，不論其結婚行為是否在意識清楚時為之，依民法第 75 條前段規定：無效！換言之，「監護制度」根本不承認受監護宣告之人，在精神狀態健全或是完全意識能力下所為的法律行為效力，即「監護制度」根本不承認，受監護宣告之人在精神狀態健全或是完全意識能力下，仍然有「自然的意思能力」，而可以為有效的法律行為。因此，之前學說對「禁治產人」見解，本題擬答認為，自不應再予援用。

小結：如果 A 是受新法的「監護宣告」，則其所為的結婚行為，即使是在意識清楚之狀態下所為，亦為無效。

2.受輔助宣告的可行

只是本題因為 A 有時仍可以清楚和子女聊天，回憶往事，可見其意識尚未達到完全不能為意思表示的程度（事實認定問題），所以也不能受監護宣告，只是根據民法第 14 條第 3 項規定：「法院對於監護之聲請，認為未達第一項之程度者，得依第十五條之一第一項規定，為輔助之宣告」，故法院可以依職權，將監護宣告聲請改為「輔助宣告」，而依民法第 15 條之 2，輔助宣告人所為的法律行為，須得輔助人之同意，始生效力。問題是，輔助宣告人所受限的法律行為，是否包括身分行為？換言之，民法第 15 條之 2 第 7 款的「法院依前條聲請權人或輔助人之聲請，所指定之其他行為」，是否包括身分行為？

此次民法修正，除監護制度的採用外，尚有「輔助宣告制度」的採用。不同於「監護宣告」，法院的「輔助宣告」卻承認了「輔助宣告人」的「自

然意思能力」，即輔助宣告人不會因法院判決輔助宣告，即失去行為能力，其所為的法律行為是否有效，完全視其在個案上的精神狀態是否仍有健全的意識能力而定，對於尊重當事人的意識人格權，實跨出一大步。

　　只是在尊重當事人的意識人格權的同時，立法者仍不忘保護受輔助宣告人之利益，故民法第 15 條之 2 規定對某些特定的法律行為，受輔助宣告人仍須得輔助人之同意，始生效力，故對於該特定行為而言，受輔助宣告人成為「準限制行為能力人」。問題是，民法第 15 條之 2 第 1 項第 7 款，又保留有概括規定，因此是否「輔助宣告」可以及於身分行為，不無疑問。本題擬答認為，基於身分行為的性質，既然受監護宣告之人已經成年，而且其結婚行為是在精神狀態健全下所為，自應該尊重其意願才是，而不宜將之列入輔助宣告之範圍，故本題即使 A 受輔助宣告，其所為的結婚行為，在無需得到輔助人同意下，即為有效❻。

[結論] 即使 A 受輔助宣告，只要其是在精神狀態健全下所為的結婚行為，仍為有效。

[題後說明]

　　1.民法修訂，以「監護制度」取代「禁治產制度」，並使「受監護宣告之人」的身分行為，不論是否是在意識清楚時所為，都歸之無效，使得之前學說對於「禁治產人」所為身分行為的效力見解正確性，顯得有商榷之餘地：

　　(1)舊民法第 14 條規定：「對於心神喪失或精神耗弱致不能處理自己事務者，法院得因本人、配偶、最近親屬二人或檢察官之聲請，宣告禁治產」，及民法第 15、75 條規定：「禁治產人，無行為能力」、「無行為能力人之意

---

❻　參照德國民法 §1903 II BGB n.F.: "Ein Einwilligungsvorbehalt kann sich nicht erstrecken auf Willenserklärungen, die auf Eingehung einer Ehe oder Begründung einer Lebenspartnerschaft gerichtet sind, auf Verfügungen von Todes wegen und auf Willenserklärungen, zu denen ein beschränkt Geschäftsfähiger nach den Vorschriften des Buches vier und fünf nicht der Zustimmung seines gesetzlichen Vertreters bedarf."

思表示，無效」，可見舊民法並不承認禁治產人在個案的「自然意思能力」，而一概認定其所為法律行為無效。

(2)如果依照學說見解，則舊民法卻承認禁治產人為身分行為時的「自然意思能力」，而認為如果禁治產人在為身分行為時，有健全的意識能力，則該身分行為有效。無法理解的是，何以「財產行為」就無須承認當事人的「自然意思能力」？何以就不須尊重當事人「財產行為」的意識人格權？況且民法條文文義本身，並未區分禁治產人所為的法律行為究竟是「財產行為」或是「身分行為」！

(3)「自然意思能力」的有無，取決於表意人在行為時，精神狀態或是意識能力，是否正常，純粹是一個事實認定問題，如果事實認定表意人在行為時，精神狀態或是意識能力正常，而具有「自然意思能力」，故「禁治產人」所為的身分行為因而有效，則何以同樣被認定具有「自然意思能力」的「禁治產人」所為的財產行為，就必須無效❷？總之，之前學說見解實為不妥，正確言之，無「自然意思能力」的「禁治產人」所為的財產行為及身分行為，都應無效才是！學說見解應是被「禁治產」的表面文字意義所限制，而未見民法對於宣告「禁治產」的要件及效果中，從未有要將之限於「財產事務」的意思！此次修法將「禁治產」改為「監護宣告」，如同立法理由書所言，也正是在反映並修正「禁治產」表面文字文義的過度狹隘之處。

(4)此次民法修正，將「監護制度」明確擴及身分行為，而不承認「受監護宣告之人」所有法律行為的「自然意思能力」，即在明確告知，「監護制度」的目的除在保護受監護宣告之人外，法院的監護宣告判決（禁治產宣告判決）的公信力及意思表示相對人及外界第三人的信賴保護，亦是「監護制度（禁治產制度）」所要強調的重點，而不容被忽視。即意思表示相對

---

❷ 如果認為結婚行為是一高度身分行為，因此必須尊重「意識清楚」的「禁治產人」所為的結婚行為，則是否同樣是「意識清楚」的「禁治產人」也可以為高度身分性的「總統投票行為」？若肯定之，可以想見，投票所前勢將引起激烈的紛爭，及投票結果的不確定性！

人無須在個案隨時質疑法院的宣告判決，而就個案、個別情況「冒險」判斷行為人的現在精神狀態究竟如何，而與之為法律行為，而外界第三人也僅須憑「監護制度（禁治產制度）」即可以信賴該人所為的結婚行為無效，而無須猜測究竟「受監護宣告之人（禁治產人）」的結婚行為是否有效？而有礙婚姻關係的確定性及公益性，否則都是對社會成本的一大消磨，及對法院宣告判決公信力的傷害。總之，任何人只要知道表意人是受法院的「監護宣告（禁治產宣告）」，就可以信賴該人無「自然意思能力」，其所為的財產行為及身分行為，一概無效，徹底重申法院判決的公信力，及第三人的信賴保護。

2.此次民法修正，除確立「受監護宣告之人」無「自然意思能力」之外，又有「輔助宣告制度」的建立，而承認「受輔助宣告之人」的「自然意思能力」，對於其所為的法律行為效力，最終取決於是否受輔助宣告之人在行為時有無意識能力。同樣基於「自然意思能力」是一事實認定問題，所以不分財產行為或是身分行為，只要「受輔助宣告之人」在有意識能力下所為，都是有效，而不應有所區別。只是民法第15條之2，卻又特別基於對於受輔助宣告之人的利益保護，而對於某些特定財產行為要求必須得到輔助人之同意始生效力，使受輔助宣告之人成為「準限制行為能力人」，至於對受輔助宣告之人的身分行為，則是充分尊重其完整的自然意思能力，而無須得到輔助人之同意，即為有效。

第三節　意思表示的瑕疵

男朋友的玩笑

　　A受僱在百貨公司專櫃販售童裝，工作繁忙。有次又是百貨公司週年慶特賣，顧客眾多，A忙得不可開交，就在此時A的男友B來百貨公司，不斷和A閒聊，明顯妨礙A的工作。A的老闆C在旁冷眼旁觀，A、B都覺得C快耐不住，但是B卻又不願立即離去，遂以顧客的身分，向A詢問有關的童裝事項，並表示要購買一套童裝，只是B不斷向A「眨眼」，但是A卻未注意，而開始包裝。

　　就在A尚未包裝完成，B趁C不注意，要急忙離去時，卻被眼尖的C發現，而堅持B必須給付買賣價金，始能離去。但B卻表示自己並無小孩，幹嘛需要童裝？況且其女友A也知其事。

　　問：B是否必須給付價金？

說　明

　　當表意人客觀上所表現出來的「外在行為」和主觀的「內在意思」有不一致的情形時，即形成所謂「意思表示瑕疵」。而民法又將意思表示瑕疵的情形，依發生原因的不同區分成：「有意識的分歧」及「無意識的分歧」所形成的意思表示瑕疵，前者例如表意人故意為（單獨或是通謀）虛偽意思表示（參照民法第86、87條），後者即民法第88條的意思表示錯誤，而分別賦予不同的法律效果。

擬　答

　　C可以向B主張價金給付的可能請求權基礎是民法第367條。而該請

求權的存在，則必須以 B、C 間買賣契約有效成立為前提。而當 B 表示要購買童裝一套，即是一要約，只是 B 的要約是否生效？

1. 通謀虛偽意思表示

B 表示其並無小孩，故當然無需童裝，而 A 也知道該事，因此其所為的意思表示是否是一「通謀虛偽意思表示」，而依民法第 87 條第 1 項而無效，尚不無疑問。因為所謂「通謀虛偽意思表示」，必須是表意人無意接受表示行為拘束之意思，而且相對人和表意人對於該不受拘束之意思，有相互了解的合意 ❻，始足當之，相對人僅是知道表意人的「無受拘束意思」，但和表意人欠缺「相互了解的合意」，仍非是「通謀虛偽意思表示」，而只是構成民法第 86 條但書的「明知相對人的單獨虛偽意思表示」罷了。本題，B 即興向 A 為一主觀上不願接受拘束的意思表示，但是因為事起倉促，故 B 不斷向 A「眨眼」，以求 A 的合意理解，只是 A 卻未注意，所以即使 A 了解 B 的無意接受拘束之意思，但彼此間實仍欠缺相互的理解及合意，因此尚不構成「通謀虛偽意思表示」。

2. 單獨虛偽意思表示

因為 A 對於 B 的無意接受拘束之意思，彼此間欠缺相互的理解及合意，因此不構成「通謀虛偽意思表示」，但卻構成民法第 86 條：「表意人無欲為其意思表示所拘束之意，而為意思表示者，其意思表示，不因之無效」的「單獨虛偽意思表示」（或有謂「心中保留」），而為求交易安全的保護，（單獨）虛偽意思表示仍是有效：「表意人無欲為其意思表示所拘束之意，而為意思表示者，其意思表示，不因之無效」。

雖然（單獨）虛偽意思表示應為有效，但是依同條但書規定：「但其情形為相對人所明知者，不在此限」，則會因相對人明知表意人的虛偽意思表示，使原本為保護交易安全而應有效的（單獨）虛偽意思表示，因為相對人的明知，故失去保護之必要，因而使該（單獨）虛偽意思表示無效。

---

❻ 參閱施啟揚，《民法總則》，第 294 頁。

　　問題是，買賣契約是成立在 B、C 之間，但是 A 受僱於 C，是 C 的代理人，代為接受該虛偽意思表示，則此時的「明知」虛偽意思表示，應是取決於契約本人 C 或是代理人 A? 依民法第 105 條本文規定：「代理人之意思表示，因其意思欠缺、被詐欺、被脅迫，或明知其事情或可得而知其事情，致其效力受影響時，其事實之有無，應就代理人決之」，故似乎本題應以代理人 A 主觀上明知為準，因而買賣契約也就不存在。只是有學說❻❹認為，民法第 105 條本文並不適用於虛偽意思表示之情況，因為民法第 86 條但書，使表意人在相對人明知虛偽意思表示之情況下，不受意思表示拘束，並非是為保護表意人，而是基於相對人此時並無保護之必要，因此如果認為虛偽意思表示有適用民法第 105 條本文之可能，將會使得表意人終極因而無須對契約本人負契約上的履行責任，反而獲得利益，則明顯不符合民法第 86 條但書之意旨。

結論 B、C 間買賣契約有效成立，C 可以向 B 請求價金給付。

---

❻❹　參閱 Flume, Allgemeiner Teil des BGB I, §20 1; MünchKomm/Kramer, §116 Rdn. 8.

通謀虛偽意思表示

A 有意將其土地出賣給 B，雙方談好以 2 億元成交。但 B 表示，為不使其妻知道其有如此多的私房錢，故雙方約定在土地代書處所為的買賣契約書面上，只寫價金「1 億 5 千萬元」就好。不久後，A 將其土地所有權移轉登記給 B，而 B 之妻雖得知買賣價金是「1 億 5 千萬元」，卻仍嫌太貴，而要求 B 不能給付價金。

問：A 能否向 B 主張 1 億 5 千萬元或是 2 億元的價金給付？

說 明

通謀虛偽意思表示在不動產買賣，屢見不鮮，最主要的原因都是當事人為逃避應有的稅捐而為之，故本練習題遂成為最典型的通謀虛偽意思表示的例題，法律人不可不會，稅捐機關公務人員更加有理解的必要。

擬 答

1. A 向 B 主張 1 億 5 千萬元價金給付之根據

A 可能可以向 B 根據民法第 367 條，主張 1 億 5 千萬元價金的給付。而該請求權存在的前提必須是 A、B 間以「1 億 5 千萬元」買賣土地的契約有效成立。A、B 雖然在其買賣契約書面上寫明「1 億 5 千萬元」，但是雙方的真意卻是要以「2 億元」成交，換言之，雙方當事人並無意接受「1 億 5 千萬元」拘束的意思，而是雙方相互理解並合意，書面的「1 億 5 千萬元」僅是一種對外宣稱的「假象」而已，故雙方書面上的「1 億 5 千萬元」是一「通謀虛偽意思表示」，依民法第 87 條第 1 項規定，通謀虛偽意思表示無效！

小結：A 不能向 B 主張 1 億 5 千萬元的價金給付。

2. A 向 B 主張 2 億元價金給付之根據

A 可能可以向 B 根據民法第 367 條，主張 2 億元價金的給付。而該請求權存在的前提必須是 A、B 間以「2 億元」買賣土地的契約有效成立。

(1)意思表示的合意成立

A、B 兩人通謀虛偽意思表示以「1 億 5 千萬元」買賣土地，而在當事人的通謀虛偽意思表示的背後，往往（不是必然）存在有被隱藏的真正意思表示，學說稱之為「隱藏行為」，本題因為雙方當事人真正是要以「2 億元」買賣土地，因此在「通謀虛偽意思表示」背後的「隱藏行為」是「2 億元」的土地買賣契約合意，而根據民法第 87 條第 2 項，「隱藏行為」只要符合法律上適用該行為的所有規定，也是有效，因此必須討論的是，A、B 二人以「2 億元」買賣土地的契約，有無無效之原因？

(2)生　效

首先可以考慮的是民法第 166 條之 1 第 1 項的要式性要求：「契約以負擔不動產物權之移轉、設定或變更之義務為標的者，應由公證人作成公證書」，而本題明顯地 A、B 雙方並未在公證人處，對「2 億元的土地買賣契約」做成公證書，故依民法第 73 條之規定，「2 億元的土地買賣契約」無效。

雖然 A、B 間「2 億元的土地買賣契約」，因欠缺要式性而無效，但是根據同條第 2 項規定：「未依前項規定公證之契約，如當事人已合意為不動產物權之移轉、設定或變更而完成登記者，仍為有效」，即如果土地買賣的雙方當事人已經完成土地所有權移轉登記，則為求貫徹土地登記的公信力及法律的安定性，原本無效的買賣契約即可以被「治癒」，而變成有效，本題即是如此情形。（依民法債編施行法第 36 條第 2 項但書規定，本條施行日期由行政院會同司法院另訂之。）

結論 A、B 間以「2 億元」買賣土地之契約有效成立，A 可以向 B 請求 2 億元的價金給付。

[題後說明]

1.本題 A、B 雙方以「1 億 5 千萬元」買賣土地，除因通謀虛偽意思表示無效外，是否也構成逃稅而無效（參照民法第 72 條）？買賣雙方當事人對價金數額「以多報少」，是否構成逃稅而無效，基本上必須是雙方當事人有「逃稅」的故意為必要，才有適用民法第 72 條之餘地，而本題 A、B 間應欠缺如此的故意。

2.本題最後確認 A、B 間是以「2 億元」有效成立買賣契約，故稅捐機關自可以依「2 億元」課徵稅捐❻。

3.若本題最終 A 並未將土地移轉登記給 B，以致使 A、B 間的「2 億元」及「1 億 5 千萬元」的買賣契約皆為無效，則當然稅捐機關也無從課徵任何稅捐。值得注意的是，此時稅捐機關可否依民法第 87 條第 1 項但書：「表意人與相對人通謀而為虛偽意思表示者，其意思表示無效。但不得以其無效對抗善意第三人」，而主張 A、B 間「1 億 5 千萬元」買賣契約有效成立，並據以課稅？因為民法第 87 條第 1 項但書，其目的是為保護善意第三人的交易安全而為的考量，而此處稅捐機關的課稅行為，並無交易安全考量的必要，所以當然無從適用民法第 87 條第 1 項但書，否則 A、B 間的買賣契約既非有效，卻又要繳納稅捐，豈不怪哉。

---

❻　但現行土地稅法第 28 條卻規定：「已規定地價之土地，於土地所有權移轉時，應按其土地漲價總數額徵收土地增值稅」，是以土地漲價總數額徵收「土地增值稅」，而不是以買賣雙方實際的交易數額徵收土地交易稅，實不符稅法理論，亦有違憲之嫌。

例題 **26**

信賴通謀虛偽意思表示的保護

　　A 在朋友 C 的慫恿下，認識外籍女子 B，A 對之頗有好感，並迅速互為結婚合意，完成結婚登記，B 也因而藉此在臺灣居留，並工作。只是 B 往往以認識未深為理由，至今仍拒絕與 A 有性關係，並且對 A 頗為冷漠。

　　C 是一商場生意人，為避免其財產遭債權人強制執行，在和妻子 D 商量後，遂將其所有的一棟房子，登記過戶到其妻的名下。某日，A 問 C 能否出租其所有的房子？C 為避免被懷疑，遂回答，房子已經讓與給 D，A 故只得向 D 洽商，並完成訂立租約。之後 A、B 一起搬入。

　　問：1. C 可否事後後悔，向 A、B 主張必須搬離？

　　　　2. D 可否向 B 主張租金給付？

說　明

　　對於通謀虛偽意思表示的法律效果，民法第 87 條第 1 項規定有：「表意人與相對人通謀而為虛偽意思表示者，其意思表示無效。但不得以其無效對抗善意第三人」，其中但書對於善意第三人的保護，是為外國立法例所無，因此該條但書的適用性，遂成為有名的爭議問題，本例題收錄目的即是在對此問題提出檢討。

擬　答

1. C 向 A、B 主張搬離

　　C 可能可以根據民法第 767 條前段，要求 A、B 搬離。該物上請求權的成立要件，必須以 C 為房子所有權人為前提：

　　(1)原本 C 是房子所有權人，自無疑義，但之後 C 卻將房子登記過戶給

D，是否 C 因而喪失所有權，不無疑問。可以考慮的是，是否 C、D 間的所有權移轉行為，是「通謀虛偽意思表示」，可根據民法第 87 條第 1 項本文而無效，故 C 並未喪失所有權？基於本題事實，C 因是為避免遭受債權人強制執行，故而將房子登記過戶給 D，其心中畢竟並無意要真正移轉所有權的意思，而該意思也被 D 所充分理解，並兩人互為合意，故是一「通謀虛偽意思表示」，本應屬無效。

　⑵房子承租人 A 可否主張民法第 87 條第 1 項但書的善意保護，而主張 C、D 間的「通謀虛偽意思表示」必須有效，故是 D 而非 C 是房子所有權人？對此，學說❻❻認為，民法第 87 條第 1 項但書的「第三人」並不包括虛偽意思表示標的物的承租人，因為租賃契約的效力，本就不受通謀虛偽意思表示的影響。該見解為本題擬答所採，因為（租賃）債權原本即無對抗第三人效力，因此如果同意有民法第 87 條但書的規定適用，即如同變相承認（租賃）債權的第三人對抗效力。只是本題擬答也認為，如果在特別情況下，通謀虛偽意思表示當事人對外創造清楚的信賴表象，致使第三人相信該表象並進而為法律行為，則不排除通謀虛偽意思表示當事人必須對此表象負「信賴責任」，使得第三人可以據以主張通謀虛偽意思表示有效。只是單就本題的房子所有權移轉「登記」的表象，仍不應足以構成承租人可以信賴的表象，因為該表象實和一般所有權移轉無效的登記表象無異，本題承租人的信賴「登記」並無任何特別值得保護之處。但如果通謀虛偽意思表示的當事人 C，如同本題般，尚形成特別的表象，即 C 明知 A 要訂立租賃契約，卻又對之明白表示房屋已經讓與 D，則自當房子承租人 A 可以信賴該表象，C 事後就不能再主張任何的權利才是❻❼。

結論 A 可以主張 C、D 間的通謀虛偽意思表示有效，故 C 不能主張民法第 767 條。

---

❻❻　王澤鑑，《民法總則》，第 388 頁。

❻❼　因為 C 明知第三人的善意相信事實，卻未加以反對，故第三人亦可以以誠實信用原則中的「矛盾行為禁止」，而主張 C 不得要求其搬離，民法第 87 條第 1 項但書的援用，似顯多餘。

2. D 向 B 主張租金給付

D 可以向 B 主張租金請求的請求權基礎是民法第 421 條及民法第 1003 條第 1 項。問題是，A、B 間的婚姻關係是否有效成立？因為本題 A 對 B 頗有好感，應可以肯定 A 確實有結婚之真意，故 A、B 尚難構成「通謀虛偽意思表示」。

⑴相反地，由 B 結婚後的行為，似乎可以推論出，B 並無真意要和 A 結婚，屬於「單獨虛偽意思表示」，而依民法第 86 條本文，B 的單獨虛偽意思表示，仍應認定為有效。對此，學說❻認為，基於結婚行為的高度身分性質，自應完全充分尊重結婚當事人的真意才是，因此只要當事人無結婚的「法效意思」，婚姻關係自是無效，民法第 86 條並無適用之餘地。

⑵在我國民法第 982 條將結婚的要件，由「儀式婚」修改成「登記婚」後，婚姻關係的成立，尚必須雙方當事人到戶政事務所完成結婚登記後，始能成立。而有鑑於「登記婚」制度的制訂，故本題擬答認為，只要結婚當事人完成結婚登記，婚姻關係即有效成立，不容許當事人再以欠缺結婚真意為由，而加以否認，因為結婚當事人為虛偽意思表示，一方面，自無加以保護之必要，再者，結婚登記既有公權力介入，自不容當事人視為兒戲，而主張虛偽意思表示，否則將損及結婚登記的公信力及婚姻關係的安定性。

結論 A、B 間婚姻關係有效成立，故 B 也必須對婚姻住居的租金債務給付，負連帶責任。

---

❻　陳棋炎／黃宗樂／郭振恭，《民法親屬新論》，修訂 5 版，第 96 頁。

民法總則教科書買賣

A（20 歲）剛轉系至法律系，向同學 B（19 歲）詢問是否有「王老師民法總則」舊書，並且願意以 500 元購買。B 表示要打電話回南部去問父親，A 同意之。在 B 晚上尚未打電話回家前，A 急忙跑來表示，不願購買該教科書。B 卻仍執意打電話回家詢問，而 B 父表示同意。因是長途電話，B 共花 50 元電話費用。B 遂向 A 表示願意出售家中的「王老師民法總則」。待 B 拿出市值 470 元的「王澤鑑民法總則」教科書來，才發現原來 A 是要購買「王伯琦民法總則」教科書。A 立即表示，因「王澤鑑民法總則」頁數太多，而拒絕購買。

問：B 可向 A 主張什麼？（本題不討論締約上過失責任）

說　明

當表意人的客觀外在行為和主觀內在效果意思不一致時，即形成民法第 88 條的「意思表示錯誤」，換言之，所謂「意思表示錯誤」是因為表意人主觀上對於自己客觀外在行為的理解和一般人不同所造成，因此民法總則案例解題者在研習「意思表示錯誤」時，首先必須先對表意人的「意思表示」進行解釋，因為只有在透過意思表示解釋後，發現表意人對於自己意思表示的內容和一般人所理解的不同時，才有意思表示錯誤之問題。故以下解題者在研習本例題時，必須特重「意思表示的解釋理論」而加以討論，始能得出「意思表示錯誤」理論的全貌。

擬　答

1. B 向 A 主張 500 元價金給付之請求權討論

(1)請求權之成立

B 可能可以向 A 根據民法第 367 條，主張 500 元價金給付，其前提是

雙方就「王澤鑑民法總則」教科書成立買賣契約。

　a.要　約

　(a) A 向 B 表示願以 500 元購買「王老師民法總則」，是一要約，而要約的意思表示是由客觀及主觀要素所構成：

　①客　觀

問題是該要約客觀上的內容究竟為何，是「王澤鑑老師」或是「王伯琦老師」的民法總則？有待進一步進行意思表示的解釋，始能釐清。

本題如果對於意思表示的解釋採取所謂「自然性解釋」方法（即「主觀解釋」）[69]，即純以表意人 (A) 的意思為準，而加以認定意思表示的內容，則會推論出：A 的意思自然是指「王伯琦老師」的民法總則。該結論明顯有利於表意人 A，而不利於相對人 B，所以該解釋方法，一般認為只適合用於「無相對人的意思表示」的解釋，例如遺囑的解釋，因為此時實無相對人交易安全保護考量之必要。

但是因為要約是一有相對人的意思表示，因此為求交易安全的保護，一般學說[70]認為，對於要約的解釋應採「規範性解釋」方法（「即客觀解釋」），即一般人以相對人 (B) 立場，在符合誠信原則及一般社會觀點之下，會如何理解意思表示為標準，所進行的解釋。本題 A 是法律系新生，而向同學 B 表示要購買「王老師民法總則」，如以一般人在意思表示相對人之立場（即 B 之立場），應理解為「王澤鑑老師民法總則」，除因為王澤鑑老師民總教科書叫好叫座，廣為法律系新生所採用外，更重要的是，「王伯琦」老師對於一般法律系新生而言，實是陌生，故如將 A 的要約理解為要購買「王伯琦民法總則」，實不合理。

小結：A 客觀上是要約要購買「王澤鑑老師民法總則」。

　②主　觀

但是 A 主觀上的效果意思卻是要購買「王伯琦老師民法總則」，因而形成意思表示的客觀內容和表意人的主觀效果意思不一致之情形，構成意思

---

[69]　參閱 Jauernig, §133 Anm. 1 f.; Köhler, Allgemeiner Teil des BGB, S. 168.

[70]　參閱 Köhler, Allgemeiner Teil des BGB, S. 169；王澤鑑，《民法總則》，第 438 頁。

表示錯誤。而且本題是因為 A 對於「王老師民法總則」該語詞表達內容上發生錯誤，所以屬於是民法第 88 條第 1 項第一類型的「內容錯誤」。

(b)因為 A 的要約是向未成年人 B 為之，而依民法第 77 條本文之規定：「限制行為能力人為意思表示及受意思表示，應得法定代理人之允許」，因此 B 在未得法定代理人之允許下，接受 A 的要約，似乎 A 要約的效力，尚未發生，因此 A 事後向 B 表示撤回要約，似無不可（參照民法第 82 條）。只是民法第 77 條但書又規定，限制行為能力人所受之意思表示，雖未得到法定代理人之允許，但只要是「純獲法律上之利益」或是「依其年齡及身分，日常生活所必需者」，則亦生效力。而要約的法律效果，是給予相對人取得「承諾」的法律上地位，而無須負擔任何的不利益，故自是一純獲法律上之利益，況且大學生依其學業上需要，買賣教科書，自也是符合依其年齡及身分的日常生活所必需之行為，故雖然本題 B 在未得其父之允許下接受 A 的要約，該要約亦生效力，A 已不能撤回其要約。

b. 承　諾

(a)B 向 A 表示願意出售「王老師民法總則」是為承諾，問題是，B 所承諾的內容，究竟為何？因為承諾也是一有相對人的意思表示，所以該意思表示的解釋，也應依「規範性解釋」方法加以認定，而如同上述理由，此處的承諾也應是指「王澤鑑老師民法總則」才是。而且 B 的承諾因得到其父之同意，故依民法第 77 條本文，亦順利發生效力。

(b)除此之外，承諾尚必須是在要約的有效期限內為之，始為有效的承諾。至於要約的有效期限，依對話及非對話意思表示，而有所不同，本題 A 的要約是一對話意思表示，依民法第 156 條：「對話為要約者，非立時承諾，即失其拘束力」，B 表示要詢問父親，而未立即承諾，似乎要約即失去效力，事後 B 的承諾，應僅是一新要約（參照民法第 160 條第 1 項）。但是民法第 158 條卻又規定：「要約定有承諾期限者，非於其期限內為承諾，失其拘束力」，換言之，如果要約定有承諾期限者，在該期限內，要約一直有效，而本題即是如此，因為 B 向 A 表示要先打電話回家詢問父親，而 A 亦表同意，即可以認為 A 同意在合理的期限內，等待 B 的承諾，雖然後來 A

表示不願購買，但已生要約之拘束力，不生撤回之效力，該要約依舊有效。而在 B 當晚得到父親同意後，立即向 A 表示承諾，自仍是在合理的期限內為承諾。

小結：A、B 間買賣「王澤鑑老師民法總則」的契約，有效成立，但 A 的要約卻存有「內容錯誤」，但其效果並非是無效，而僅是得撤銷，在 A 尚未撤銷其錯誤的意思表示之前，雙方之間的買賣契約仍是有效。

(2)請求權之消滅

B 的民法第 367 條的 500 元價金請求權，可能因為 A 主張「內容錯誤」撤銷，而根據民法第 114 條溯及既往消滅。應該考慮的要件如下：

a. A 確實有一錯誤意思表示存在。

b. 因為 A 是法律系新生，因此對於教科書的認知尚不清楚，故亦難謂其有過失。

c. A 向 B 表示拒絕購買，經由解釋，亦認為有撤銷之意思，殆無疑義。

小結：A 因撤銷其要約，因此買賣契約終歸消滅，故 B 亦無 500 元價金請求權。

2. B 向 A 主張損害賠償之討論

A 在撤銷其要約意思表示之後，必須依民法第 91 條對善意的 B 負損害賠償責任，而損害賠償的範圍有「信賴利益損害賠償」及「履行利益損害賠償」兩者。

(1)所謂「信賴利益損害賠償」是指，相對人在相信意思表示有效情形下，卻因某種事實之發生，意思表示歸於無效而所遭受的損害[71]，其範圍包括了①相對人所遭受之費用支出及②無法由其他方面所獲得的利益，本題 B 因為契約消滅所遭受的信賴利益損害，即是其所花費的 50 元電話費用。而所謂「履行利益損害賠償」是指，相對人在意思表示有效情形下，所能獲得之利益，卻因債務人不履行而受損失之賠償[72]，因此本題 B 所遭

---

[71] 參閱王澤鑑，《民法總則》，第 413 頁；施啟揚，《民法總則》，第 302 頁；鄭玉波，《民法總則》，第 250 頁。

受履行利益即是 30 元。

　　(2)意思表示的相對人，因錯誤意思表示被撤銷，所能請求的損害賠償，依民法第 91 條是「信賴利益」損害賠償，故 B 應可以請求 50 元之賠償。只是所有學說❼❸皆認為，表意人依民法第 91 條所須負的「信賴利益」損害賠償，應受限於「履行利益」的上限，即不能高於「履行利益」數額，故本題最終 B 只能請求 30 元的損害賠償。

結論 B 可以向 A 請求 30 元的損害賠償。

---

❼❷　同前註。

❼❸　同前註。

消暑西瓜特賣*

　　因為夏季西瓜盛產，所以 A 批發許多西瓜到市場販售，為求吸引顧客，A 在紙板上寫下「一斤 13 元」。B 看見紙板，向 A 表示，要購買已經切好，而擺在架子上的半邊西瓜。A 秤完，並將西瓜去皮切好，向 B 請求價金 120 元。B 覺得有異，問 A:「西瓜不是每斤 13 元? 半邊西瓜，那有可能 120 元那麼貴?」A 答:「『一斤 13 元』指的是購買整顆西瓜的『特價』，只買半顆是『一斤 15 元』」。B 頗感不悅。

　　問: 1. 雙方法律關係如何?

　　　　 2. 如果 A 稱，在西瓜零售業交易習慣上，標價是指「整顆西瓜」，則又如何?

　　　　 3. 如果 B 第二次又去買，法律效果有無不同?

擬 答

1. A、B 間法律關係的討論

　　A 可能可以根據民法第 367 條向 B 主張 120 元的價金給付，而該請求權存在的前提是，A、B 間以西瓜每斤「15 元」有效成立買賣契約，而該買賣契約有效成立的前提，又是以 A、B 間有以西瓜每斤「15 元」的要約及承諾的合意為必要。

　　(1)要　約

　　a. A 紙板上所寫的「一斤 13 元」，因為是對不特定人為出賣數量有限標的物的表示，所以基本上因欠缺受拘束之意思，故不是要約，而只是要約之引誘（參照民法第 154 條第 1 項本文）。

　　＊本例題為作者所親身經歷。

b.真正的要約是否存在於當 B 向 A 表示要購買特定「半邊西瓜」時？也不無疑問，因為每個半邊西瓜大小重量不一，價錢當然也不同，在尚未過秤得知總價前，B 未必會就有接受該半邊西瓜買賣要約拘束的意思。但是本題當 A 秤出總重量，並要開始下刀切除西瓜皮時，B 卻都未有反對之意思，由此可以推論，即使 B 在不知該半邊西瓜總價，應都有接受拘束之意思，故當 B 向 A 表示要購買特定「半邊西瓜」時，確實是一「要約」，而非僅是「要約之引誘」。至於買賣契約所必要的價金數額，也只要可得確定即可，而無須自始確定（參照民法第 346 條），故雖然 B 的要約自始並無具體的價金數額，但仍可藉由西瓜重量及單價決定之，故不妨礙要約的成立。

(a)客　觀

有問題的是，B 要約的西瓜單價究竟是多少？是一斤「13 元」或是「15 元」？有必要進行意思表示之解釋，加以釐清。因為要約是一有相對人的意思表示，故其解釋為求交易安全，應採「規範性解釋」，而以一般人在相對人的立場，在符合誠信原則及一般社會觀點之下，會如何理解意思表示為標準，以本題而言，一般人如站在相對人 A 的立場，在符合誠信原則下，應認為客人是看了紙板才為要約，至於紙板的「13 元」並未清楚標示是「整顆」或是「半邊」，當然一般人也無從而知，而應認為「一斤 13 元」的標價是並無任何特定之條件才是。依此，本題 B 要約「半邊」西瓜的單價內容，在「規範性解釋」下，應認為是「一斤 13 元」，而非「一斤 15 元」。

(b)主　觀

B 確實也是要以「一斤 13 元」為要約。

小結： B 以「一斤 13 元」的單價為半邊西瓜的要約。

(2)承　諾

存在於 A 將西瓜去皮之時。問題是，A 的承諾內容為何？

a.客　觀

同樣地，承諾也是一有相對人的意思表示，故其解釋也必須是採「規範性解釋」，以求交易安全，換言之，應以一般人在相對人的立場，在符合誠信原則及一般社會觀點之下，會如何理解意思表示為標準，加以進行解

釋。基於同樣理由，一般人也會認為 A 是以紙板的標價為準而為承諾（一斤 13 元），故經由解釋後，A、B 雙方當事人應是就半邊西瓜「一斤 13 元」合意買賣契約。

b. 主　觀

只是很明顯的，A 的主觀卻是要以半邊西瓜「一斤 15 元」出售，故 A 的承諾存在意思表示主觀和客觀內容不一致，構成意思表示錯誤，而且是屬於民法第 88 條第 1 項第一類型的「內容錯誤」。

結論 A、B 雙方分別存在有對半邊西瓜為「一斤 13 元」的「要約」及「承諾」合意，故 A 並無得向 B 主張以「一斤 15 元」計價結果的 120 元價金給付。而雖然 A 的承諾意思表示有錯誤，但是在 A 尚未撤銷其承諾意思表示前，就半邊西瓜「一斤 13 元」所成立的買賣契約仍是有效。

2. 交易習慣在意思表示解釋上的重要性

「規範性解釋」是以一般人的社會觀點，用以理解意思表示之內容，不應忽略的是，一般社會習慣，特別是一般交易習慣對於意思表示的解釋，占有相當重要的地位，而就意思表示的表意人而言，既然進入市場的交易行為，也自當應事先理解一般交易習慣才是。只是本題 A 所主張的一般零售交易習慣，紙板標價是指「整顆西瓜」，如此的零售交易習慣，實則是利用「標示不清」，以獲取交易利益，已經是違反善良風俗，而根據民法第 2 條：「民事所適用之習慣，以不背於公共秩序或善良風俗者為限」，故自不應予以適用才是。故結論上，尚未與上述不同。

3. 錯誤的表象不傷真意 (falsa demonstratio non nocet)

當 B 第二天又再次向 A 購買半邊西瓜，即使 A 在紙板上仍只是標明「一斤 13 元」，但是因為意思表示的解釋，終究仍是以探究雙方當事人所相互理解的內容為目標，因此既然 B 已經知悉半邊西瓜一斤 15 元，所以 B 即是有意以半邊西瓜「一斤 15 元」為要約購買半邊西瓜，而 A 也是有意以半邊西瓜「一斤 15 元」為承諾，自然買賣契約就是成立在「一斤 15 元」

上，此一著重雙方真意，而無須考慮表面字義的解釋方法，即是有名的「錯誤的表象不傷真意 (falsa demonstratio non nocet)❼」，為羅馬法長久以來所承認。

[題後說明]

　　1.本題為世新大學的轉學考題。令人非常驚訝的是，幾乎所有的應試者都回答，不是 A，而是 B（!）必須主張錯誤撤銷，真令人不知，消費者如何才能受到保護。

　　2.再過幾天，作者又路過該西瓜攤，只見紙板「一斤 13 元」的下方，已經加上「整顆」的附帶說明，可見一定有許多顧客也發生同樣令人生氣的情況，而被抗議。其實本題該零售商已經違反消費者保護法相關規定，而必須受到必要的處罰才是。

---

❼　falsa 拉丁文意為「錯誤」，demonstratio 意為「表示、示範……」，non 意為「否定」，nocet 意為「傷害」。

例題 **29**

組合套餐

A為慶祝考上律師，遂請女友B到C所開設的餐廳用餐。A、B見菜單上，食物種類繁多，有德國豬腳，也有義大利海鮮麵等等。A因為從未吃過德國豬腳，遂點了一道「慕尼黑套餐」，而B則想吃義大利海鮮麵，故點了「米蘭套餐」，而C則以筆一一記下點餐的內容。

待20分鐘後，C分別端上德國香腸（標價400元，成本350元）給A，義大利肉醬麵給B。A才發現原來「慕尼黑套餐」是指德國香腸，但A點菜時誤以為「慕尼黑套餐」是指德國豬腳。而C端上義大利肉醬麵給B，B才發現因C是英國人，故未能清楚了解B的點菜，以致弄錯。其後，A表示，德國香腸有特殊味道，不敢吃，B則表示可以接受義大利肉醬麵。

問：當事人間法律關係如何？（本題不討論締約上過失的損害賠償）

🗣 說　明

民法第88條的意思表示錯誤一共區分成「內容錯誤」、「表示行為錯誤」及「人或物之性質重大錯誤」三種類型。其中「內容錯誤」和「表示行為錯誤」極不易被清楚區分，前者係指表意人所使用的「表示行為」，真的是表意人所要使用的方式，只是表意人對於其所使用的「表示行為」的意義理解，和一般人所理解的不同，故造成錯誤，例如表意人主觀上希望能「無償使用」友人機車，但卻向友人表示，能否「出租」機車？而後者則是指表意人所使用的「表示行為」，根本就不是表意人所要使用的方式，故而造成錯誤，典型如表意人原本想寫價金「1000元」，卻誤寫成「100元」，解題者應就該兩者錯誤類型，清楚加以分析、區別。

擬　答

1. A、C 間的法律關係

(1) C 向 A 主張 400 元價金給付的請求權基礎

a.請求權的成立

C 可能可以向 A 請求價金 400 元給付的請求權基礎是民法第 367 條，而該請求權存在的前提是 A、C 之間對於德國香腸套餐的買賣契約有效成立。至於 A、C 之間的買賣契約是否有效成立，以下即加以討論：

(a)要　約

因為菜單上的描述，往往可能受限於食材供給的有限性，而不能全面滿足顧客的點用，所以一般而言，餐廳老闆並無意接受菜單上價目表的拘束，故菜單不會被認為是要約，而只是要約的引誘。

真正的要約是存在於顧客 A 的點選「慕尼黑套餐」的意思表示：

①客　觀

問題是 A 所點選的「慕尼黑套餐」內容究竟為何？因為要約是一有相對人的意思表示，所以對於其意思表示的解釋，應依「規範性解釋」方法，以確保交易安全。而「規範性解釋」是指以一般人在相對人的立場，對 A 的要約所理解的內容為標準，因此以本題而言，當 A 點選「慕尼黑套餐」，客觀上一般第三人即會由菜單上得知，「慕尼黑套餐」之內容應是指「德國香腸」才是。

②主　觀

但是 A 主觀上卻以為「慕尼黑套餐」是「德國豬腳」，故形成意思表示的主、客觀不一致情形，構成意思表示錯誤，且是對「慕尼黑套餐」所代表的餐點內容發生誤解，故是民法第 88 條第 1 項第一類型的「內容錯誤」。

(b)承　諾

C 的承諾，成立在當 C 以筆記下顧客所欲點選的「慕尼黑套餐」餐點時。

小結： A、C 間就德國香腸為內容的「慕尼黑套餐」的買賣契約有效成立，故 C 對 A 有 400 元的價金請求權。

b.請求權的消滅

C 對 A 的 400 元價金請求權卻可能因為 A 主張意思表示錯誤撤銷，而買賣契約根據民法第 114 條溯及既往消滅，其要件檢查如下：

(a) A 須有錯誤意思表示存在，已如上述。

(b) A 對錯誤須無過失：錯誤意思表示的過失程度，素有爭議，通說❼認為應採「一般抽象輕過失」，少數說❼則認為應採「重大過失」，而為不使民法第 88 條的撤銷，淪為實務上根本難以實現的具文，故此處擬答採嚴格的「重大過失」，而認為本題 A 並無重大過失，因為餐廳的餐點種類繁多，而各有代號，除非是常客，否則如發生相互誤植之情形，尚在一般合理的想像中，雖構成一般抽象過失，但仍難謂是重大過失。

(c) A 已經表示，德國香腸有特殊味道不敢吃，故有一撤銷意思表示，亦無疑問。

小結：C 對 A 的 400 元價金請求權，因 A 主張錯誤撤銷而消滅。

(2) C 向 A 主張損害賠償的請求權基礎

因 A 撤銷買賣契約，故 C 可能可以根據民法第 91 條，向 A 主張損害賠償：

a.根據民法第 91 條規定，C 所能主張的僅是「信賴利益」損害賠償，而所謂「信賴利益損害賠償」是指，相對人在相信意思表示有效情形下，卻因某種事實之發生，意思表示歸於無效而遭受的損害，其範圍包括了①相對人所遭受之費用支出及②無法由其他方面所獲得的利益。本題 C 因為契約消滅，所以「德國香腸」也無法再賣出，只得廢棄，故其因而所遭受的信賴利益損害，即是其所花費的食材成本 350 元，及可將該食材用以其他顧客，而所能獲得的利益 50 元，總共 400 元。

b.學說及最高法院皆認為，表意人依民法第 91 條所須負的「信賴利益」損害賠償，應受限於「履行利益」的上限，即不能高於「履行利益」數額，而所謂「履行利益」是指，相對人在意思表示有效情形下，所能獲得利益，因此本題 C 所遭受履行利益即是 50 元。

---

❼ 王澤鑑，《民法總則》，第 410 頁；施啟揚，《民法總則》，第 301 頁。

❼ 王伯琦，《民法總則》，第 162 頁。

結論 C 可以依民法第 91 條向 A 主張 50 元的信賴利益損害賠償。

2. B、C 間的法律關係

(1) C 向 B 主張義大利海鮮麵的價金請求權

C 可能可以向 B 請求義大利海鮮麵的價金給付的請求權基礎是民法第 367 條，而該請求權存在的前提是 B、C 之間對於義大利海鮮麵套餐的買賣契約有效成立。至於 B、C 之間的義大利海鮮麵套餐買賣契約是否有效成立，以下即加以討論：

a. 要　約

要約存在於 B 點取「米蘭套餐」，即義大利海鮮麵。問題是，因為 C 是英國人，卻未能清楚了解 B 的點菜，而錯上「義大利肉醬麵」，應有誤聽之嫌，依此究竟 B 的要約是否生效？ 根據民法第 94 條之規定：「對話人為意思表示者，其意思表示，以相對人了解時，發生效力」，則似乎 B 的要約並不生效。但是卻有學說[77]認為，如果採取如此嚴格的「理解理論」，將會危害交易安全，因此該說認為，如果在一般的情況下，意思表示的表意人可以合理認知，相對人對於對話的意思表示應有了解之可能性時，即發生意思表示之效力（所謂「減輕的理解理論」）。而本題，B 既然已經清楚表達其欲點選「米蘭套餐」，只是因為 C 個人因素，致使未能聽清楚，則即應認為要約生效，況且 C 身為外國人而在他人國家開餐廳，自應擁有足夠的語言能力，如果因自身語言能力欠缺而所造成的契約上不利益，自應由 C 自行承擔才是，而非是已經表達清楚的表意人 B 承擔[78]。

小結：B 的「米蘭套餐」要約有效成立。

b. 承　諾

(a) 客　觀

C 的承諾，成立在當 C 以筆記下客人所點選的套餐時，且依「規範性解釋」C 應是就「米蘭套餐」，即義大利海鮮麵為承諾。雖然往往許多餐廳

---

[77]　參閱例題 11「名畫苑購」。

[78]　不同意見：邱聰智，《民法總則（上）》，第 543 頁。

如同本題般都不複述顧客所點選的餐點，但是因該承諾是立即在當事人間所為，故是一「對話意思表示」，根據「減輕的理解理論」**❼❾**，只要相對人 B 有了解 C 承諾的可能性，即為生效（參照民法第 94 條），至於是否 B 真正了解承諾意思表示，在所不問。

(b)主　觀

C 主觀上卻是要承諾義大利肉醬麵，故形成意思表示錯誤，而且是民法第 88 條第 1 項第一類型的「內容錯誤」。

小結：B、C 間就義大利海鮮麵的「米蘭套餐」買賣契約有效成立。

(2)請求權消滅

就上所述，雖然 B、C 間的義大利海鮮麵買賣契約有效成立，但是因為 C 提出一個不符合原先契約給付內容的義大利肉醬麵，而 B 卻也加以接受，故似乎可以將之當成是雙方有意成立民法第 319 條的「代物清償契約」：「債權人受領他種給付以代原定之給付者，其債之關係消滅」，故 B 原先就「義大利海鮮麵」的請求權雖因清償義大利肉醬麵而消滅，但 C 卻仍可以主張義大利海鮮麵的價金請求。但有鑑於肉醬麵和海鮮麵在實際價格上的差距過大，故如此解釋雙方當事人的意思表示，似有不妥，故正確言之，應是將 B、C 間的行為解釋為雙方有意要消滅整個「義大利海鮮麵」買賣契約，而成立新的「義大利肉醬麵」買賣契約，如此的行為學說稱之為「債務更新」，較為合理。本案因為 B、C 間成立「債務更新」，所以 C 原先的義大利海鮮麵價金請求權即歸於消滅。

結論 C 僅能對 B 請求義大利肉醬麵的價金。

[題後說明]

民法第 91 條的損害賠償僅限於「信賴利益」損害賠償，且「信賴利益」的損害賠償不能高於「履行利益」賠償，故本題 C 只能向 A 主張 50 元的損害賠償。但是 C 卻可以對 A 主張民法第 245 條之 1 的「締約上過失」，且此處的「信賴利益」不應受限於「履行利益」賠償，故 C 可以向 A 請求 400 元的賠償，以為填補其損害。

❼❾　參閱例題 11「名畫范購」。

懷孕的導遊*

> 　夏天是旅遊旺季，某旅行社 A 的旅遊團，也都已經滿團。就在旅行社 A 的香港團出團前一星期，該團導遊忽然生病，A 急得滿頭大汗，而緊急招募臨時導遊。有一年輕女導遊 B，前來應徵，A 在面試之後，僱傭之。
>
> 　就在該團出團前三天，A 得知 B 已經懷孕六個月，A 陷入掙扎。
>
> 　問：A 得否拒絕 B 的帶團工作？

說　明

　民法第 88 條第 2 項規定有所謂「人或物之性質重大錯誤」類型，暫且不論該意思表示錯誤性質上的理論爭議是「內容錯誤」或是「動機錯誤」，就條文要件上所要求的「重大」而言，往往就已經對學習者造成了解上的極大困擾。故本例題收錄的目的即在為使學習者能夠明瞭「人或物之性質錯誤」中所要求的「重大」性質要件的意義，以解除學習者的疑惑。

擬　答

　A 可以拒絕 B 的臨時導遊工作的可能根據有：

1. 人之性質重大錯誤

　A 可能可以主張僱傭契約存在有人之性質重大錯誤，而根據民法第 88 條第 2 項加以撤銷，其要件如下：

　(1) A 對受僱人 B 存有人之性質重大錯誤

　　a. 所謂「人之性質」指構成個人特性的法律上或是事實上要素❽，在

＊本例題取材自德國最高勞工法院判決：BAG NJW 1983, 2958。

❽　參閱 Jauernig, §119 Anm. 4。

此概念下，「懷孕」因為會對個人身體本質造成變化，所以也是屬於人之性質[81]之一環，而旅行社 A 卻不知 B 的懷孕而加以僱傭，自是對 B 的人之性質存有錯誤。

　　b.問題是，「懷孕」對於僱傭契約而言，是否是「重大」？人之性質是否重大，而使得表意人得以根據民法第 88 條第 2 項主張撤銷，完全必須視個別契約性質，並衡諸契約當事人的利益及誠實信用原則，始能決定。而同樣人之性質錯誤，基於不同契約的性質，就會有不同的判斷，例如僱主不知受僱卡車司機有「夜盲症」而加以僱傭，有鑑於行車的安全，自是屬於司機僱傭契約的人之性質「重大錯誤」，但是對於學校僱傭患有夜盲症的教師，對於教職的僱傭契約而言，因並不妨礙教師對契約內容的正常履行，故自不屬是「重大錯誤」，學校主張錯誤撤銷，即為無理。至於僱傭懷孕的女性員工，是否是屬於人之性質重大錯誤，仍必須視其工作內容而定，對於一般的長期僱傭契約而言，如果受僱人已經懷孕，縱使有一時的工作不便，但對於長期僱傭契約而言，僅是一時性不方便履約，尚不構成「重大性質」錯誤，況且如果同意僱主單是以受僱人「懷孕」會影響工作為由，即認定是「重大錯誤」，而同意僱主可以撤銷僱傭契約，實則即會違反「性別工作平等法」的立法精神[82]。就本題而言，導遊工作必須有相當的體力勞動，明顯不適合已經懷孕六個月的女性，更為關鍵性的是，本題並不是長期的僱傭契約，而是屬於短期的臨時僱傭，僱傭契約的工作時間就僅限於此次帶團的一星期時間，受僱導遊在該時間內的「懷孕」，將會導致整個契約目的根本都無法達成，故自應是屬「重大」。

(2) A 對於意思表示的錯誤，須無過失

　　因為有些婦女在懷孕六個月後，可能仍未有明顯的身體變化，故如 A 未能察覺 B 已經懷孕，亦無過失可言（事實認定問題）。

---

[81]　參閱 BAG NJW 1983, 2958。

[82]　參照性別工作平等法第 11 條第 2 項：「工作規則、勞動契約或團體協約，不得規定或事先約定受僱者有結婚、懷孕、分娩或育兒之情事時，應行離職或留職停薪；亦不得以其為解僱之理由」。

(3)因為 A 表示拒絕 B 帶團，故有撤銷之意思表示

結論 A 可以主張錯誤撤銷，而拒絕 B 的帶團工作。

2.意思表示被詐欺

A 也可能可以根據民法第 92 條，主張 B 有詐欺行為，而撤銷僱傭契約。而本題詐欺的要件討論上，除 B 的詐欺故意是一難以舉證認定之問題外，是否 B 有詐欺行為，也是有所爭議。因為 B 的詐欺行為可能是在於，面試時未能對 A 說明懷孕之事實，是一種不作為的詐欺行為，而不作為的詐欺，其成立的前提必須是有作為之義務，問題是，何時行為人有作為義務？就本題而言，是否 B 有說明懷孕的作為義務？契約當事人何時始有說明的作為義務，學說❸認為應以個案就誠實信用原則加以判斷，如果一般人在表意人立場，若得知有此事實，即不會為意思表示而訂立契約時，相對人即有告知、說明義務，依此，因為本題的僱傭契約是一時性工作，且須有勞力付出，故並不適合懷孕六個月的女性，有鑑於此，B 必須負有告知僱主 A 之義務，使僱主有考慮之機會才是。

結論 A 可以根據民法第 92 條主張詐欺撤銷。

3.侵權行為

旅行社 A 也可以基於同樣理由，向 B 主張民法第 184 條第 1 項後段及第 2 項的詐欺侵權行為，而請求消滅僱傭契約，以回復原狀。也可以主張「重大事由」存在，而依民法第 489 條第 1 項，主張終止僱傭契約。

結論 A 可以根據民法第 184 條主張消滅僱傭契約。

---

❸　參閱 Larenz, Allgemeiner Teil des BGB, S. 398.

校外教學登記

某大學舉辦校外教學，共有花蓮賞鯨（費用 1200 元）及澄清湖烤肉（費用 500 元）兩項，並張貼佈告於系辦公室外，同學必須自行登記名字於其上，因名額有限，故僅以優先填寫的前五十名為參加者。A 問其父意見，父親表示自由決定即可。A 考慮後，決定參加澄清湖烤肉，但因 A 須上民法總則課程，而無法親自為登記，湊巧在校園碰到蹺課之同學 B，遂委由其代為報名。因兩張報名表格緊鄰，並且顏色相同，B 未詳查，將 A 之名字，錯登記於花蓮賞鯨之欄位。A 知道後，向學校表示不願參加。但是學校表示，如果花蓮賞鯨缺 A 不參加，就無法成行，而且學校已經支出遊覽車定金 2 萬元。

問：學校得向 A 主張什麼？（本題不討論締約上過失責任）

說 明

意思表示除由本人親自為之外，實務上也不乏是由第三人代為之，而最終卻發生意思表示錯誤的結果。對於如此錯誤的法律效果處理，民法第 89 條特規定：「意思表示，因傳達人或傳達機關傳達不實者，得比照前條之規定撤銷之」，而仍給予表意人有撤銷權。

擬 答

1.學校向 A 主張花蓮賞鯨之費用給付

學校可能可以根據民法第 490 條，向 A 主張花蓮賞鯨之費用 1200 元，而該請求權存在的前提，必須是學校和 A 之間的承攬契約有效成立。

(1)要 約

a.學校的公告表示，因為名額有限，而以前五十名登記者為參加人選，

明顯學校有意接受前五十名特定人的登記，故已經具有受拘束之意思，所以應不僅是一次缺「法效意思」的要約引誘，而是真正的要約（參照民法第 154 條第 1 項本文）。

　　b.該公告要約是針對不特定人為之，故亦無須以到達相對人，即因公告發出而生效力。

　　(2)承　諾

　　a.承諾發生在 B 的登記「花蓮賞鯨」行為，而 B 的登記行為要對 A 發生效力，首先考慮的是，是否 B 以代理人身分，依民法第 103 條第 1 項之規定，對 A 發生效力，或是 B 僅是 A 的「傳達使者」？兩者概念的區別在於，代理人自己為意思表示，而該意思表示對本人發生效力，而「傳達使者」則自己本身並不為意思表示，而僅是將本人的意思再為傳遞而已。至於個案上的「中間第三人」究竟是「代理人」或是「使者」，有時並不易區別，而有待解釋，至於解釋的標準，依學說❽認為，並不是以本人和「中間人」的法律關係為準，而是以「中間人」事實上最終對外出現的型態為準，以求交易安全。以本題而言，B 的登記行為，並無清楚的對外表達是以代理人身分而為登記，否則 B 應會在登記 A 名字的同時，在旁邊寫明「B 代理簽名」，如此應認定 B 僅是以「傳達使者」身分代為登記而已，故民法第 103 條以下代理之規定，於本題並無適用。

　　b.因為 B 是以「傳達使者」身分，代 A 為「花蓮賞鯨」登記，故該意思表示要對 A 發生效力，必須 A 確實有發出該意思表示，並到達相對人之事實（參照民法第 95 條）。

　　(a)當 A 委託 B 代為登記，即是將其意思表示發出，但問題是，A 所發出的意思表示是「澄清湖烤肉」，而不是「花蓮賞鯨」，但 B 在錯誤欄位為登記，致使客觀上被認為 A 的意思表示是「花蓮賞鯨」，而和 A 主觀上要的「澄清湖烤肉」不一致，為求交易安全，仍應以傳達使者最終在外界所表達之內容為準，即契約應成立在「花蓮賞鯨」，而形成所謂「傳達錯誤」。根據民法第 89 條，傳達錯誤之法律效果，意思表示的表意人可以準用民法

---

❽　Köhler, PdW, BGB AT, S. 171.

第 88 條第 1 項的「表示行為錯誤」，加以撤銷。

(b)既然「傳達錯誤」準用「表示行為錯誤」，則當然亦要求表意人對於錯誤的發生必須無過失，表意人始能撤銷。問題是，在傳達錯誤中，表意人本身往往對於錯誤的發生並無過失，過失是因傳達人而發生，因此表意人是否必須對傳達人之過失負責，而不得撤銷? 不無疑問。本題擬答認為，基於表意人在和相對人互為交易往來時，負有保護注意相對人利益的義務（參照民法第 148 條第 2 項），以避免相對人不利益發生，故傳達人在為表意人傳達意思表示之時，自也是屬於民法第 224 條所謂表意人履行此等保護注意義務的「履行輔助人」，依該條規定，表意人自當必須對傳達人之故意、過失負責。

(c)傳達人 B 對於意思表示錯誤的發生，是否有過失? 對於意思表示錯誤的過失要求，此處擬答採「重大過失」之見解，故縱然 B 於登記時，未能細辨登記表格之不同，但是畢竟兩者相鄰，且顏色相同，一般人如有錯認，亦情有可原，故非是重大過失，所以表意人 A 仍可以主張錯誤撤銷，而根據民法第 114 條，撤銷效果會溯及既往，使整個契約消滅。

結論 A 無須給付 1200 元。

2.學校向 A 主張損害賠償

在 A 主張撤銷之後，學校可能可以依民法第 91 條向 A 主張「信賴利益」損害賠償，即學校因為相信 A 的登記有效，但卻無法成行而遭受平白的費用支出 2 萬元。但是依學說一致見解，民法第 91 條的「信賴利益」賠償不能大於履行利益賠償，而本題學校的履行利益數額，即是原本契約有效而應由 A 處所收取的 1200 元，故最終學校僅能向 A 請求 1200 元賠償。

[題後說明]

學校在向 A 請求 1200 元的損害賠償之後，即使「花蓮賞鯨」因欠缺 A 一人，亦能成行，學校即無 2 萬元的損失，故整個結果堪稱妥當，可見民法第 91 條的「信賴利益賠償不能大於履行利益賠償」之原則，確實正確、公允。

黑木屋蛋糕店

「黑木屋」蛋糕店老闆 A 口頭交代其蛋糕師傅 B，代為向 C 購買「一百公斤麵粉」。雖然 B 正確了解，但是在打字時卻誤打為「一千公斤麵粉」，並將信寄出。C 見「黑木屋」蛋糕店的訂購信後，立即將「麵粉」送出。在麵粉送至 A 處前，C 發覺該批麵粉早已售與他人，遂立即打電話給 A，表示要撤回該契約。A 卻表示，無法同意，但在 A 進一步使用麵粉後，發覺 C 所寄送的是「高筋麵粉」，無法烘焙蛋糕，損失材料費 3 萬元，及販售利潤 5 萬元，A 要求賠償。C 則表示，誤以為 A 要製作麵包，契約應該無效才是。

問：雙方當事人法律關係如何？

說　明

意思表示錯誤類型共有「內容錯誤」、「表示行為錯誤」及「人或物之性質重大錯誤」三種（參照民法第 88 條），本例題收錄目的在於使學習者能對該三種類型的意思表示錯誤，同時加以綜合判斷，並對民法第 91 條的意思表示錯誤撤銷後的損害賠償範圍，進行分析。

擬　答

1. A 向 C 主張瑕疵損害賠償

A 可能可以根據民法第 360 條或是第 227 條，向 C 主張損害賠償，而其損害賠償請求權存在的前提必須是 A、C 間的買賣契約有效成立。討論如下：

(1)要　約

蛋糕師傅 B 將信寄出，是一要約，而且因為根據一般社會觀點，蛋糕

師傅的工作職責並不包括訂貨，所以 B 應該不至於是以代理人地位，代 A 為要約，而應僅是以 A 的意思表示傳達使者地位，代 A 為要約。問題是該要約的內容究竟為何？

a. 客　觀

B 所寄出的信件，其內容為購買「一千公斤麵粉」，但是究竟是「低筋麵粉」或是「高筋麵粉」則不無疑問，而有待解釋，有鑑於要約是一有相對人的意思表示，所以其解釋應採「規範性解釋」，即以一般人在意思表示相對人 C 的立場，會如何理解信件中「麵粉」的意義，為解釋標準。基於 A 是一家蛋糕店，所以由一般人客觀的理解，該要約應當是指「一千公斤低筋麵粉」才是。

b. 主　觀

A 主觀上確實是要購買「一百公斤低筋麵粉」，並且也將該主觀意思清楚向其傳達使者 B 表達而發出，只是在隨之的傳達過程當中，B 卻將一百公斤錯寫為一千公斤，故發生意思表示客觀與主觀上的不一致。雖然該錯誤是在傳達人的傳達過程中所發生，但是根據民法第 89 條準用民法第 88 條的規定觀之，A 本人仍必須承擔起傳達錯誤之結果（學說將之視為表意人的「表示行為錯誤」）。換言之，只要 A 仍尚未主張錯誤撤銷，「一千公斤低筋麵粉」的要約意思表示，有效成立。

⑵承　諾

a. C 的承諾行為存在於當其將一千公斤麵粉寄出時。問題是，在該批麵粉尚未到達 A 處時，C 就立即打電話向 A 表示撤回，該撤回之意思表示是否有效？依民法第 95 條第 1 項規定：「非對話而為意思表示者，其意思表示，以通知達到相對人時，發生效力。但撤回之通知，同時或先時到達者，不在此限」，因此如果 C 的承諾已經生效，則 C 即不能再主張撤回。本題雖然 C 所寄出的麵粉尚未到達 A 處，因此似乎仍未生效，但是根據民法第 161 條的「意思實現」規定：「依習慣或依其事件之性質，承諾無須通知者，在相當時期內，有可認為承諾之事實時，其契約為成立」，當 C 將麵粉寄出時，基於經濟競爭的時效考量，習慣上應認為此時承諾不待到達 A

處，即生效力，因此當然 C 就不能再主張撤回其已生效的承諾。

　　b.問題是，C 所承諾的內容為何？

　　(a) C 承諾一千公斤麵粉，但有問題的是，C 究竟是承諾「低筋麵粉」或是「高筋麵粉」？同樣基於承諾是一有相對人的意思表示，所以也必須藉由「規範性解釋」加以釐清。固然客觀事實上，C 所寄出的麵粉是「高筋麵粉」，但是不應因此即解讀 C 是承諾「高筋麵粉」，因為基於「規範性解釋」，一般人如在相對人 A 的立場，應當會是認為 C 是基於蛋糕店製作蛋糕所需的「低筋麵粉」而為承諾寄出麵粉。相反地，如果單純以 C 寄出「高筋麵粉」的事實，而將承諾內容理解為「高筋麵粉」，則即非是以一般人在相對人 A 的立場解釋意思表示，而完全是以意思表示表意人 C 立場解釋意思表示（即自然性解釋），而不符合「規範性解釋」保護相對人交易安全的旨意。

　　(b)雖然客觀上，C 是要承諾「低筋麵粉」，但是主觀上 C 是要承諾「高筋麵粉」，因此構成承諾意思表示上的錯誤，因為是對「麵粉」一詞意涵上的誤解，所以是屬於民法第 88 條第 1 項第一類型的「內容錯誤」。

小結： 基於 A 是要約「一千公斤低筋麵粉」，而 C 也承諾「一千公斤低筋麵粉」，所以 A、C 間就「一千公斤低筋麵粉」的買賣契約有效成立。

　(3)買賣契約因意思表示被撤銷而消滅

　　只是 C 對於該買賣契約有「內容錯誤」，如果 C 加以撤銷，根據民法第 114 條，會溯及使買賣契約消滅，C 即無須對 A 負民法第 360 條或是第 227 條的損害賠償責任。問題是，C 究竟有無向相對人 A 為「撤銷」之意思表示（民法第 116 條）？

　　a. C 的「撤銷」意思表示可能存在於，當 C 打電話向 A 表示要「撤回」該批麵粉時。雖然 C 說的是「撤回」，但是基於意思表示的解釋，仍不應排除其有「撤銷」之意，只是因為 C 是有鑑於該批麵粉已經賣出，而急欲否認買賣契約之事實觀之，C 並非是因發現錯誤，故而有主張契約消滅之意，故其「撤回」之詞，難被解釋有「撤銷」之意。有問題的是，因為 C 的承諾已經生效，故其「撤回」無效，是否 C 的「撤回」可以根據民法第 112 條：

「無效之法律行為，若具備他法律行為之要件，並因其情形，可認當事人若知其無效，即欲為他法律行為者，其他法律行為，仍為有效」，而被「轉換」（亦有稱「轉義」）成「撤銷」？該問題的回答亦應為否定，因為實則 C 為「撤回」時，根本不知有意思表示錯誤之事實，所以也根本不可能在「撤回」中，隱含有「撤銷」之意思。

　　b. 事後 C 曾向 A 表示「誤以為 A 要製作麵包，契約應該無效才是」，經由對該敘述的解釋，應可以認定 C 有要基於錯誤之結果，概括想要消滅買賣契約的意思，當然也包括了「撤銷權」的行使。

結論 因為 C 有效撤銷買賣契約，所以不須對 A 負民法第 360 條或是第 227 條的損害賠償責任。

2. A 向 C 主張因意思表示被撤銷所生的損害賠償

　　因為 C 基於民法第 88 條，有效撤銷其錯誤意思表示，故其必須對 A 根據民法第 91 條，負信賴利益損害賠償責任。而本題 A 因為信賴契約有效所遭受的損害賠償，即材料費 3 萬元，而該 3 萬元信賴利益損害，並未大於 A 所能得到的「履行利益」5 萬元利潤，所以 A 向 C 請求 3 萬元的損害賠償有理。

結論 C 必須對 A 根據民法第 91 條，負 3 萬元的損害賠償。

例題 **33**

SARS 的口罩

前幾年臺灣流行 SARS,使得市場的防菌口罩嚴重缺貨,市價水漲船高,一罩難求。A 聽說今年有可能再度發生 SARS 疫情,遂立即向大盤商 B 訂購一批數量龐大的防菌口罩,B 感到頗為好奇,經 A 解釋,始明瞭之。

就在 B 陸續交貨時,臺灣卻並未發生如 A 所預期的 SARS 疫情流行,使得 A 的鋪貨有滯銷的情形,A 損失不貲。為避免有更大的損失,A 遂向律師詢問,是否可以向 B 主張取消後續的口罩訂貨?

說 明

為保護交易安全,民法第 88 條只同意在「內容錯誤」、「表示行為錯誤」及「人或物之性質重大錯誤」之情況下,表意人始可以主張錯誤撤銷,對於表意人的「動機錯誤」,民法原則上並不認同表意人可以據而主張撤銷,僅有在例如「情事變更」的少數例外中,民法始同意表意人可以以「動機錯誤」為由,而不受原先意思表示拘束,重新規範彼此間的法律關係。而「動機錯誤」及「情事變更」的法律理論及適用,往往對初學者造成困擾,因此希望能藉由本例題的練習,對學習者提供法律理論理解的助益。

擬 答

1. A 得否主張意思表示錯誤?

A、B 之間有效成立防菌口罩的買賣契約(參照民法第 345 條)。但本題 A 是有鑑於即將發生的 SARS 疫情,而向 B 訂購該批口罩,但是卻事後發現臺灣並未如其所預料,發生疫情,問題是,A 是否可以根據如此的錯誤,而主張撤銷其意思表示?

⑴本題 A 所發生的錯誤，其特殊性在於，並非是 A 的意思表示在「客觀」和「主觀」層面上有不一致之情形。相反地，A 向 B 表示要訂購防菌口罩，該意思表示的「客觀」和「主觀」層面意涵，完全一致，換言之，A 的意思錯誤僅是發生在其「動機」層面上，而非意思表示的本身，即 A 誤以為臺灣會發生 SARS 疫情，而向 B 預購口罩，但 A 的預期卻未發生。

⑵意思表示人的「動機錯誤」，法律效果上應如何處理，對於立法者的價值判斷而言，頗為棘手，因為立法者必須面臨考量「交易安全」及「當事人真意」的利益衝突選擇。我國民法在「動機錯誤」的類型上，明顯傾向「交易安全」考量，而僅同意在少數的類型上，表意人可以主張「動機錯誤」而撤銷其意思表示，例如民法第 88 條第 2 項的「當事人之資格或物之性質」重大錯誤❽，或是民法第 92 條的意思表示被詐欺，表意人始可以因自己的「動機錯誤」，而主張撤銷之。本題明顯都並無該兩種情況存在，因此 A 無得主張其「動機錯誤」撤銷之可能。

2. A 得否主張民法第 227 條之 2 的「情事變更」?

意思表示動機錯誤應有的法律效果，除上述民法第 88 條第 2 項及第 92 條的撤銷外，尚且有民法第 227 條之 2 的「情事變更」的適用可能性。民法第 227 條之 2 第 1 項原文謂:「契約成立後，情事變更，非當時所得預料，而依其原有效果顯失公平者，當事人得聲請法院增、減其給付或變更其他原有之效果」。

動機錯誤類型上計有僅是一方當事人所發生的「單方動機錯誤」，及雙方當事人共同發生的「雙方動機錯誤」兩種。本題屬後者，因為不但是 A，包括 B 在訂立買賣契約時，都是以即將會發生 SARS 疫情為訂約動機。但

---

❽ 通說認為民法第 88 條第 2 項的「人或物之性質」重大錯誤是「動機錯誤」的類型之一: 參閱王澤鑑，《民法總則》，第 403 頁; 林誠二，《民法總則 (下)》，第 101 頁; 施啟揚，《民法總則》，第 298 頁。但少數說則認為，民法第 88 條第 2 項的法律性質，仍是意思表示的「內容錯誤」，參閱史尚寬，《民法總則》，第 364 頁。

不論是「單方動機錯誤」或是「雙方動機錯誤」，是否可以適用民法第 227 條之 2，仍必須檢視「情事變更」的構成要件而定。而「動機錯誤」在符合情事變更下，所必須檢查的要件有❽：①至少一方當事人將該情況，在動機上當成訂立法律行為之原因，②而且該情況對該當事人而言非常重要，如果該當事人知道該情況的存在有問題，就不會訂立該法律行為，或是會另作其他約定，③上述情況之考量，對另一方當事人並不會造成不公平結果。本題就①、②構成要件而言，似無問題，因為 A 的確是基於其所預期的 SARS 疫情發生的錯誤認知，而向 B 訂購防菌口罩，只是就構成要件③而言，則有必要加以討論。

(1)民法第 227 條之 2 的「情事變更」原則，乃是根源於「誠實信用原則」發展而來，所以考量情事變更原則的適用，最終仍應取決於「公平性」考量（參照民法第 227 條之 2 本文）。固然本題 A 確實是向 B 表明，是為所預期的 SARS 疫情而訂購口罩，而 B 也理解此點，雖然雙方當事人對於訂約動機都發生錯誤的認知，但是如此的「雙方動機錯誤」，並不意謂必然即可以適用情事變更原則，而可以對契約法律效果加以調整，否則即是對於情事變更原則所要求的「公平性」，有未考慮周詳之處。

(2)在「公平性」的要求下，要問的是，是否有合理期待的可能性，要求意思表示相對人 B 必須隨著預期情況的改變，接受契約效果的調整？例如同意 A 可以解除買賣契約？對此，本題擬答認為，不應同意本題有情事變更原則之適用，因為契約的當事人本就應自行承擔可能的契約風險及利益，換言之，A 必須對自己所發生的估計及決策錯誤負責，而不應加諸自己的損失於相對人。對 B 而言，即使 B 明知 A 訂購口罩的動機，但單憑如此仍欠缺理由要求 B 必須分擔買受人的決策風險損失，因為就 B 的訂約利益考量而言，其實其並不關心 SARS 流行與否，故當然也無從要求其必須承擔該風險。

結論 A 既不能主張民法第 88 條的意思表示錯誤撤銷，也不能根據民法第 227 條之 2 的「情事變更」原則，而要求解除買賣契約。

---

❽　參閱 Medicus, Bürgerliches Recht, Rdn. 165a.

不知內容的簽名效力

請就以下個案分析，是否意思表示（法律行為）有效成立？

1. A 在 B 為其準備的契約上簽名：

   (1)卻不知道附有定型化契約條款。

   (2)雖知道有定型化契約條款，但卻未細讀。

   (3) A 想，B 應不至於會在定型化條款內排除瑕疵擔保責任，故加以簽名。事後發現，果真有「排除瑕疵擔保責任」條款。

2. C 在紙上簽名：

   (1) C 受詐騙集團詐騙，以為是在買賣契約上簽名，而不知卻是空白紙。隨後被詐騙集團填上本票內容。

   (2) C 明知該紙是空白紙。

3. 某賣場員工 D 推銷優惠方案，顧客 E 未細讀書面內容，以為就是一般的優惠條款，即加以簽名，因為 E 自認可以完全信賴賣場，但事實上 E 是簽下「購買賣場的電視機同意書」。

🎙 說　明

意思表示的完整成立，要求表意人主觀上必須有「法效意思」及「效果意思」，如有所欠缺，即構成意思表示瑕疵，而依民法應有的法律效果處理。但實務上非常有爭議的是，表意人往往在未理解意思表示（契約）內容之情況下，即會促為意思表示，表意人是否須對之負責？此一問題不但是法律學習者所必須理解，在實務上也具有相當重要性。

擬　答

1.定型化契約條款的成立

⑴定型化契約條款是定型化契約的一部分，故仍須有當事人的合意，始能成立，如果當事人根本不知道有定型化條款約定，即對契約加以簽名，明顯欠缺接受定型化條款拘束的意思，即欠缺「法效意思」。對於欠缺法效意思的法律效果處理，通說[87]認為，意思表示仍是有效，只是表意人可以主張類推適用民法第 88 條加以撤銷，但也必須對相對人負起民法第 91 條的信賴利益損害賠償責任。另有少數說[88]認為，欠缺法效意思，不待表意人主張撤銷，意思表示即不成立，但是表意人必須類推適用民法第 91 條，向相對人負信賴利益損害賠償責任。

⑵如果 A 知道當事人之一方使用定型化契約條款，但卻基於事實上的理由，而未細讀，即加以簽名，應認為其有接受定型化契約條款拘束之意思，而有「法效意思」存在。而且因為 A 明知有定型化契約條款的存在，而加以簽名確認，實是有意概括接受該契約條款的所有特定內容，故亦有「效果意思」存在，故是一完整無瑕疵的承諾意思表示。

⑶A 雖然有接受定型化契約條款拘束之意思（法效意思），但是並無概括接受所有契約條款之意，而是對其內容存有特定的想法，認為不會有「瑕疵擔保排除條款」，故形成「效果意思」上的意思表示錯誤，且是屬於「內容錯誤」類型，所以 A 可以直接主張民法第 88 條第 1 項第一類型撤銷其承諾之意思表示，因此使得定型化契約條款不構成契約之一部分，只是 A 必須對 B 根據民法第 91 條，負信賴利益損害賠償責任[89]。

---

[87]　王澤鑑，《民法總則》，第 364 頁；洪遜欣，《中國民法總則》，第 63 頁。

[88]　王伯琦，《民法總則》，第 149 頁。

[89]　但 Medicus (BGB AT, Rdn. 754) 認為，此例應優先適用消費者保護法。

2.空白紙上簽名

C 以為是在買賣契約上簽名，但是實際上卻是在空白紙上簽名，雖有接受契約拘束的法效意思，但卻欠缺發生本票效果的效果意思，故構成意思表示的「內容錯誤」，自可以主張民法第 88 條第 1 項第一類型的錯誤撤銷。

但如 C 明知該紙是空白紙，不論是否對該空白紙事後被填寫內容，有無事先的認知，學說❾認為，C 不能主張錯誤撤銷，因為 C 實無保護之必要，因此 C 必須就該空白簽名之文件內容，負所有的責任。

3.顧客的簽名

因為 E 主觀上所想的是一般優惠契約條款，而不是「購買同意書」，故雖有法效意思，但是卻欠缺效果意思，所以構成意思表示的「內容錯誤」，可以依民法第 88 條第 1 項第一類型撤銷。

---

❾ Köhler, PdW, BGB AT, S. 190; BGH 40, 68. A.A.: Reinicke/Tiedtke, JZ 1984, 551.

車禍的解決

1. A 的汽車在鬧區十字路口，被 B 所撞壞。雙方各自認為自己有理。

   (1) A 向 B 表示，不接受 B 只留下身分證字號及地址，如果 B 不立即賠償損失，就不讓其離開。B 見對方人多，因此只好同意賠償。

   (2) A 向 B 表示，如果不賠償損失，就要叫警察處理。B 心想，自己無照駕駛，因此只好同意賠償。事後 B 得知，A 的損害賠償數額極大，可否後悔？

2. 題目如上，但 A 卻向 B 表示，B 只要賠償汽車修理費的半數，就不再追究，B 同意之。事後 B 經由其任職交通警察的哥哥分析告知，完全是 A 的過失，B 極為懊惱。可否後悔？

說　明

　　表意人如在受脅迫之情況下而為意思表示，依民法第 92 條規定可以主張撤銷。本質上，受脅迫之意思表示並不是意思表示主、客觀上的不一致，因此本質上並不是意思表示錯誤，而純粹是表意人在為意思表示時的不自由，是一種對表意人訂約自由的傷害，故民法同意表意人可以加以撤銷。本例題提供解題者就脅迫行為的要件加以練習，特別是對「不法性」要件的練習，可謂是「脅迫」行為的標準題型。

擬　答

1. 意思表示的被脅迫

　　在 A、B 間的侵權行為責任未明之前，B 同意給付賠償給 A，由此雙方成立一個獨立於侵權行為損害賠償之債以外的「債務承認契約」❾❶。B 要

否定該「債務承認契約」，方法有二，一是證明侵權行為損害賠償之債根本不成立，而依不當得利請求返還（即請求對方合意消滅「債務承認契約」），另一則是主張該「債務承認契約」，是受 A 之脅迫所訂立，故 B 可以依民法第 92 條加以撤銷。

而所謂脅迫，是指故意以不當的預告危害，使他人發生恐怖，致為意思表示之行為[92]，而其中要件要求必須是以「不當」之行為，致使他人心生恐懼，而所謂的「不當」，即是不法性要求，在本題有討論之必要：

脅迫行為不法性的有無，可以分成「目的不法」，例如 A 威脅 B 如不購買毒品，即找警察處理車禍，或是「手段不法」，例如 A 威脅 B 如不賠償，即將拳腳相向。而例題(1) A 威脅 B 必須賠償，由該目的觀之，自無不法可言，有問題的是，A 可否使用「不讓人離開」的方法，有無不法手段的使用？A 表示「不讓人離開」，有可能是要主張民法第 151 條的自助行為：「為保護自己權利，對於他人之自由或財產施以拘束、押收或毀損者，不負損害賠償之責。但以不及受法院或其他有關機關援助，並非於其時為之，則請求權不得實行或其實行顯有困難者為限」，只是自助行為的要件非常嚴格，例如 A 必須在來不及受警察機關援助之情況下，例如車禍發生在荒郊野外，而 B 根本無解決車禍之意，卻想離開之情況下，始能主張之。本例題(1)是發生在鬧區，並無不及受警察機關援助之情況，況且 B 都願意留下身分證字號及地址，亦無請求權實行顯有困難之情形，故 A 無有「留置」他人之權利，所以應屬 A 使用不法手段，形成不法的脅迫行為。

脅迫行為「不法性」的討論，最為棘手的即屬「合法目的及合法手段，但卻做不當的連結」類型：例如例題(2)中，A 威脅 B 必須賠償損害（合法的目的），否則就要找警察（合法的手段），如此以「合法的手段」追求「合法的目的」，並不必然即可謂脅迫並非不法，學說[93]認為，必須視所使用的

---

[91]　參閱 Köhler, PdW, BGB AT, S. 87.

[92]　參閱鄭玉波，《民法總則》，第 295 頁。

[93]　王澤鑑，《民法總則》，第 427 頁。反對見解：林誠二，《民法總則（下）》，第 136 頁。

手段和所要追求的目的間，有無適當的連結而定。而有無適當的連結，最終仍須取決於，是否所使用的手段和目的追求之間的連結，有無合乎誠實信用原則❹，例如 A 威脅 B 如不賠償，即揭發其外遇事實，則明顯車禍賠償和外遇事實之間並無任何關連性可言，故 A 所使用的手段及所追求之目的，雖然都是合法，但最終仍構成不法脅迫行為。而在例題(2)中，A 要求 B 必須賠償，否則即找警察，就車禍事件處理而言，本就是一般合理的過程，民法第 151 條也暗示此點，故並無不當的連結，因此也就無不法的脅迫行為存在。

2. 情事變更原則適用的限制

A、B 之間車禍的歸責事由不清，但 A、B 雙方卻同意，如果 B 就損害數額的一半為給付，A 就不再追究，此一契約不同於上述的「債務承認契約」，而是雙方對所爭議事實：究竟誰可歸責引起車禍，而須負全部損害賠償責任，互有讓步（即 B 給付一半賠償，A 就不再追究全部責任），故為一「和解契約」（參照民法第 736 條）。而事後，B 確認該車禍根本是可歸責於 A，而欲後悔，可考慮的是，是否 B 可以主張雙方當事人對於訂立和解契約的事實前提有所誤解，已超出訂約時的想像及假設，故依「雙方動機錯誤」（即「情事變更原則」），而解除和解契約？只是雙方動機錯誤的適用是有限制的，例如在典型的風險行為即不適用，而和解即是其一，因為和解者，就是雙方對於所爭議事實的相互讓步，本題即是對於究竟是誰引起車禍事實爭議的相互讓步，至於該車禍事實究竟如何，本就是和解契約當事人應自行承擔的風險：如果完全是 A 所引起，B 不能再追究，但相反地，如果完全是 B 所引起，A 也不能再追究，而無情事變更之適用。因此，本例題，B 不能後悔。

---

❹　參閱 Köhler, PdW, BGB AT, S. 87.

例題 36

飾品店購物[*]

　　A 至 B 所經營之飾品店，欲訂購項鍊及手飾送其母親及女友。在購買項鍊之時，A 非常喜愛某一手工特製項鍊，但 B 因店務過於繁忙，將櫥窗內市價 5000 元，特價 4500 元之該項鍊，誤標示成特價 1500 元，在 B 未發現的情形下，即以 1500 元之價格與 A 訂下買賣契約；又在買手飾之時，B 為幫 C 廠商推銷舊款手飾以便從中抽成，遂向 A 謊稱某款之手飾乃屬 C 廠商的最新款式，A 聞言，遂立即要 B 以電話向 C 廠商以 2000 元訂購該款手飾。嗣後 B 要寄送項鍊時始發現標價錯誤，A 至家中看雜誌始發現其所訂購之手飾非屬 C 廠商最新款的手飾。

　　問：　1. A 得否請求 B 交付項鍊？B 得否拒絕？

　　　　　2. C 可否請求 A 交付手飾 2000 元之價金？

　　　　　3. 設在問題 1. 之情形，若 B 得拒絕交付的情形下，A 已花費了 300 元購買包裝紙，當天又花費了 300 元的車資前往訂貨，且花費了 300 元的電話費與 B 商談運送細節，問 A 得否向 B 請求損害賠償？其金額為何？

🎭 說　明

　　被詐欺的意思表示，表意人的主、客觀意思內容並無不一致，而是表意人在形成意思表示過程中的動機發生錯誤，是民法基於保護訂約自由，例外承認「動機錯誤」可以撤銷的少數規定之一。而也正是被詐欺的意思表示，本質上不同於一般錯誤意思表示，所以被詐欺意思表示的撤銷，在構成要件及法律效果上，和一般錯誤撤銷即存在有極大的不同，例如民法第 93 條規定有不同的撤銷權行使除斥期間：「前條之撤銷，應於發見詐欺

＊感謝文化大學研究生盧俊宇提供本實例題。

或脅迫終止後，一年內為之。但自意思表示後，經過十年，不得撤銷」，再如表意人在撤銷被詐欺的意思表示之後，亦無須對相對人負信賴利益損害賠償責任，在在都顯示出被詐欺的意思表示不同於一般錯誤意思表示。

✎ 擬 答

1. A、B 間法律關係

A 得向 B 請求交付項鍊，可考慮的請求權基礎可能為民法第 348 條第 1 項，又該請求權之行使前提，係以 A、B 間之買賣契約有效成立為必要，而本案中 A、B 間之買賣契約是否有效成立，分析如下：

(1)按民法第 345 條第 2 項之規定，當事人就買賣標的物及價金合意時，買賣契約即屬成立。本例題事實中，A、B 既已就標的物及價金為合意，買賣契約自屬有效成立。

(2)B 得否以嗣後發現標價有誤，主張民法第 88 條之「意思表示錯誤」為由撤銷此契約？

本案例事實中，B 誤以為其所為的要約是 4500 元，但其實外界所理解的是「1500 元」，屬意思表示的「內容錯誤」，殆無疑義，只是 B 對於該錯誤的發生，有無過失？對於此處的過失標準，本題擬答採重大過失標準，而本例題事實中，B 因為飾品店經營繁忙，而將標價誤寫，雖有過失，但因對於一般店家而言，仍是屬於非少見之錯誤，所以難謂是「重大過失」，否則只是誤寫就將之認為是「重大過失」，對於一般商家的營業，勢將造成極大的風險。

結論 B 之意思表示存有內容錯誤，故可以根據民法第 88 條第 1 項第一類型，主張撤銷，而根據民法第 114 條之規定，買賣契約因被撤銷而溯及既往無效，故 B 無須交付項鍊於 A。

2. A、C 間的法律關係

C 可以請求 A 交付手飾 2000 元的請求權基礎，可能是民法第 367 條

的價金交付請求權，又該請求權的行使前提，係以 A、C 間買賣契約有效成立為其必要，而本題中 A、C 間之買賣契約是否有效成立，分析如下：

⑴本例題事實中，B 僅係替廠商 C 向 A 推銷手飾，因此契約當事人屬 A、C 雙方而與 B 無涉。而 A 向 C 廠商訂購 2000 元之舊款手飾，應認屬要約，在 C 承諾之情形下，買賣契約即因 A、C 就標的物及價金為合意而成立生效（參照民法第 345 條第 2 項）。

⑵A 得否主張撤銷買賣契約？可以考慮的撤銷原因可能有：

a. A 將該舊款手飾誤為最新款，構成物之性質重大錯誤，故 A 可以根據民法第 88 條第 2 項，主張撤銷。

b. B 為使 A 能夠購買 C 之手飾，謊稱該手飾為最新款，構成詐欺，自無疑問。

問題是，如果 A 要主張民法第 92 條第 1 項的詐欺撤銷買賣契約意思表示，因為詐欺人是 B，而非契約當事人 C，故根據該項但書規定，如是第三人詐欺，則必須以 C 明知該詐欺事實，A 始能主張撤銷，而例題事實顯示，C 應不知情。

只是此處之「第三人」，依通說[95]之見解應予限縮解釋，而排除相對人之代理人及使用人，蓋因此時相對人應按民法第 224 條之法理承受其代理人及使用人之可歸責行為，因此如果詐欺之第三人屬相對人之代理人及使用人時，縱然相對人非屬明知或可得而知，表意人仍可得撤銷。問題是，本例題中的 B，僅是為 C 廠商報告訂約機會或訂約之居間人（民法第 565條），並無被授與代理權之事實，而非是 C 的代理人，但是否是 C 廠商的「履行輔助人（使用人）」？本題擬答認為，如果本題居間人 B 除「報告」及「媒介」訂約機會外，尚被 C 賦予有商議、擬定契約之任務（事實認定問題），則應認為 B 居間人即屬契約當事人 C 的「履行輔助人」[96]，因而如果該居間人在訂約過程中，有違反注意義務情事，例如詐欺他人，就不

---

[95] 王澤鑑，《民法總則》，第 420 頁；黃立，《民法總則》，第 302 頁；劉得寬，《民法總則》，第 261 頁。

[96] 參閱 BGH NJW 1996, 452.

應適用民法第 92 條第 1 項但書之「第三人詐欺」規定，故本題不以相對人 (C) 明知或可得而知為必要，被詐欺人 A 即可以直接主張撤銷意思表示。

結論 A 之意思表示受有詐欺，且符合撤銷之要件，從而得撤銷買賣契約，因此 A 得拒絕 C 的民法第 367 條價金請求權。

3. B 的損害賠償責任

B 在撤銷買賣契約後，根據民法第 91 條之規定，必須對 A 負「信賴利益」損害賠償責任，且該「信賴利益」損害賠償，不能大於「履行利益」損害賠償。A 可得具體求償之金額，分析如下：

(1)信賴利益之部分

a. 300 元的包裝紙：包裝紙是否屬信賴利益之費用，應視此包裝紙對 A 是否尚有其他用途而言，如果此包裝紙係專為所購的項鍊而買，而無其他可以運用的用途時，亦屬信賴利益。

b. 300 元的車資：此車資的花費，尚未進入契約履行階段，僅屬商談契約之準備行為，係 A 欲訂立契約所應自行承擔的成本，和契約無效因而所遭受之損害，並無信賴上的因果關係，因此不能算入信賴利益損害之中。

c. 300 元的電話費：此電話費的支出，屬契約履行階段的花費，係典型的信賴利益損害。

(2)履行利益之部分

本例題事實中，A 應有的履行利益為 5000 元 – 1500 元 = 3500 元。

結論 A 受有信賴的損害為 600 元，未逾越履行利益的 3500 元，因此 A 得向 B 請求 600 元的信賴利益損害賠償。

[題後說明]

本題的包裝紙部分的損害賠償，是一重點。如果按照損害的「差額說」概念，則雖然 A 花了 300 元購買包裝紙，但卻也取得該包裝紙的所有權，似乎並無損害可言，只是該包裝紙對 A 而言，並無用處，故學說將之稱為「無用的費用支出」。對於「無用的費用支出」，是否能列入損害賠償，則

端視損害賠償的保護目的性決定,本題涉及的是民法第 91 條的因撤銷所發生的信賴利益賠償,其目的正是要填補因信賴契約有效所生的費用支出,故可以請求。

第四節　代　理

賣麵的外國偷渡客

　　A 是外國偷渡客，有鑑於我國就業服務法第 43 條規定：「除本法另有規定外，外國人未經雇主申請許可，不得在中華民國境內工作」，及為躲避警察查緝，A 雖擁有高學歷，遂也只能受僱於某麵攤 B，負責店內所有生意招呼。

　　某天，B 要 A 寫一張「陽春麵 30 元，招牌麵 40 元」的價目表，以為更換發黃的舊價目表，可是 A 卻寫成「陽春麵 40 元，招牌麵 30 元」。隔壁賣衣服的 C，天天以 B 的「招牌麵」為中餐，剛好今天生意繁忙，遂要平常難得來店裡幫忙的 16 歲女兒 D，代為購買「招牌麵」及斟酌買一些魯味、小菜。當 D 交付百元大鈔給 A，而 A 找錢時，始知價目表寫錯。

　　問：誰可以向誰請求多少價金？

說　明

　　有鑑於我國的外籍偷渡客或是逾期滯留的外籍人士，在國內非法打工情形，越來越多，民法上遂也不得不檢討，該等人士所為代理行為的效力究竟如何？而當解題者碰到代理問題時，根據民法第 103 條第 1 項規定：「代理人於代理權限內，以本人名義所為之意思表示，直接對本人發生效力」，因此如要使代理行為對本人發生效力，解題者永遠要就三項構成要件加以檢查：①代理人為意思表示（事實行為不能代理），②代理人以本人名義為意思表示（明示或是默示皆可），③代理人須有（意定或是法定）代理權。

擬　答

　　B 可能可以根據民法第 367 條向 C 主張 40 元價金給付，而該請求權

存在的前提，必須是 B、C 間就「40 元招牌麵」買賣契約有效成立。以下遂分別就要約及承諾加以討論：

1. 要　約

　　(1) B 要 A 所張貼的新價目表「招牌麵 30 元」，因是對不特定人為出賣的表示，故欠缺法效意思，所以不是要約，而只是要約的引誘。

　　(2)真正的要約應該是，當 D 向 A 表示購買一碗「招牌麵」時。問題是，該要約是由 D 所為，必須依民法第 103 條第 1 項之代理規定，始能對其父 C 發生效力：

　　a. D 必須為一意思表示

　　(a) D 所為的要約是一意思表示，殆無疑義。問題是，D 究竟是「代理人」或僅是代為傳達意思表示的「傳達使者（表示使者）」？兩者的區別在於，代理人是自己為意思表示，所以不能是無行為能力人（參照民法第 75 條），使者卻只是將他人的意思表示再為傳遞而已，本身並不做意思表示，所以無行為能力人也可以為傳達使者。本題 D 應是以「代理人」身分為意思表示，因為其父 C 尚要 D 自己斟酌購買一些魯味、小菜，可見對於此次的買賣契約，D 有自己的意識可以自由決定而獨立為自己的意思表示，並非僅是傳達 C 的意思而已。

　　(b)因為 D 不是傳達 C 的意思表示的使者，而是自為意思表示的「代理人」，故學說認為，無行為能力人不能為代理人，但如果是限制行為能力人，例如本題 D 僅有 16 歲，因為仍能為意思表示，且其所為的代理意思表示，只對本人發生效力，代理人自己並不對之負責，所以是一對限制行為能力人的「中性行為」（類推適用民法第 77 條但書），並不會對之帶來不利益，所以民法第 104 條遂認可限制行為能力人也可以為代理人。

　　b. 以本人名義

　　為保護意思表示相對人有知道法律行為當事人究竟是何人的利益，所以民法第 103 條第 1 項，要求代理人在為代理行為時，必須清楚的以「本人」名義為意思表示，是謂「顯名原則」，如果代理人在為代理行為時，未

能清楚以「本人名義」為意思表示，而致使意思表示相對人以為代理人自己才是法律行為的當事人，則代理人必須自負法律行為之責任。而本題 D 代父親 C 購買「招牌麵」，並未以 C 之名義為要約，明顯違反「顯名原則」，故似乎不應發生代理之效力，只是本題擬答認為，就一些日常數額不大的現金交易行為，往往意思表示相對人並不計較契約當事人究竟是誰，因此如果也要嚴格要求「顯名原則」，實不合常理，也與生活經驗不符，故應例外的同意在現金交易行為，無須堅持「顯名原則」 ❾⑦，例如本題既然 A 已取得現金 100 元，自無實益必須計較誰才是買麵的意思表示當事人。而因為意思表示相對人對於現金交易行為，並不計較契約當事人究竟是誰，所以該等契約究竟應成立在何人之間，則完全取決表意人為意思表示時的主觀而認定，如果表意人主觀上是要以自己為當事人，則契約成立在表意人，如果表意人主觀上是要以本人為契約當事人，則本人即是契約當事人 ❾⑧。本題因 D 是以代理人身分而買麵，故主觀上也應是有意要以 C 為契約當事人才是，故要約終究對 C 發生效力。

c. D 須有代理權

在本題因 D 是受 C 囑咐買麵，且 C 要 D 自行決定購買一些魯味、小菜，故 C 有授與代理權之意思，應無疑義。

小結：D 所為「招牌麵」要約對 C 發生效力。

2. 承　諾

A 所為的承諾必須在符合民法第 103 條第 1 項的要件下，始能對 B 發生效力。

⑴ A 為一承諾的意思表示。

⑵ A 必須以本人，即 B 之名義為承諾。本題雖然 A 並沒有明示以 B 之名義為承諾(也不可能就每一個買賣契約為明示)，但是因為 A 受僱於 B 在麵攤賣麵，故可以被一般顧客認知，A 默示以麵攤老闆 B 的名義為承諾而

---

❾⑦　參閱 Palandt/Heinrichs, §164 Rdn. 8.

❾⑧　德國學說有稱之為 "Das Geschäft für den, den es angeht"。

賣麵，如此默示以本人名義賣麵，仍是符合「顯名原則」，學說稱之為「隱名代理」。

(3) A 必須有代理權：

a. 固然 A 受僱於 B 而有僱傭關係存在，但是學說❾❾認為，A 並不能因為僱傭契約的基礎法律關係而取得代理權，而是必須以另一獨立的代理權授與單獨行為，受僱人始能取得代理權，學說稱之為「代理權授與的獨立性」。只是在現實生活中，代理權授與的單獨行為往往和基礎法律關係相結合，而無法被清楚地加以區別，因此學說也認為，當僱傭基礎法律關係有效成立時，即推定僱傭人同時有授與代理權給受僱人！

b. 問題是，本題因為 A 是外國偷渡客，在未能得到其僱主申請許可下，依民法第 71 條及就業服務法第 43 條之規定，A、B 間的僱傭契約無效，是否會因而影響到代理權的授與，而亦隨之為無效？對此學說認為，基於代理權授與的無因性，所以代理權授與單獨行為的效力應和（僱傭）基礎法律關係，分別判斷，即基礎法律關係的無效，不會必然連帶影響代理權授與的效力，以保護交易安全，學說將之稱為「代理權授與的無因性」。因此本題，雖然 A、B 間的僱傭契約基礎法律關係無效，但是 A 的代理權取得仍是有效，其所為之法律行為仍對 B 發生效力。

小結：A 所為的「招牌麵」承諾對 B 發生效力。

3. 價金的內容

如上所述，B、C 間分別透過其代理人，而就「招牌麵」有效成立買賣契約。問題是，該招牌麵買賣契約是以「30 元」或是「40 元」價金為內容？

(1) 契約是有相對人的法律行為，換言之，故其解釋應採「規範性解釋」方法，而本題因為是代理人代為意思表示，換言之，真正為意思表示的是代理人，而非本人，所以在進行「規範性解釋」時，必須是以一般人在代理人立場下（非以本人立場）❿⓿，以符合誠信原則及一般社會觀點，會如

---

❾❾　王澤鑑，《民法總則》，第 496、497 頁；林誠二，《民法總則（下）》，第 192 頁；施啟揚，《民法總則》，第 286 頁。

何理解契約之內容，所進行的解釋。依此，則一般人在代理人立場應認為新價目表上的「招牌麵 30 元」的價金，才是契約成立的內容，但是 A 主觀上卻是要以 40 元承諾，故 A 存有意思表示的「內容錯誤」存在，而必須由 A 加以撤銷。

(2)因為本題 D 所為的代理行為，是受 C 的特定指示，實則就如同 C 本人親自去買麵，親自為意思表示一樣，故參照依民法第 105 條但書的立法旨意，此時契約內容的解釋，自應改以一般人在本人的立場為斷，並進而加以解釋，始為合理。而因為 C 是麵攤老顧客，非常清楚「招牌麵」一碗是 40 元，不是「30 元」，故契約解釋上應認為 B、C 之間的「招牌麵」的買賣契約價金內容是「40 元」，如此結果，對 B、C 雙方都並無不利益，也都完全符合雙方當事人的真意。至於麵攤新價目表的標價，基於錯誤的表象不傷真意 (falsa demonstratio non nocet) 的解釋原則，自無須加以理會，因為就契約解釋而言，真正的關鍵點仍是當事人之間彼此的相互真意理解才是。

結論 B 可以根據民法第 367 條，向 C 主張 40 元的價金請求。

[題後說明]

1. 本題為東吳大學期末考試題，許多應試者認為，因為 D 是未成年人，而 C、D 間成立一「委任契約」，但因兩人有利益衝突（參照民法第 106 條），且委任契約對 D 而言非屬純獲法律上利益（參照民法第 77 條但書），故為無效，只是基於「代理權授與的無因性」，D 的代理行為卻仍為有效。但實則父親囑咐小孩代為購買一碗麵，就生活經驗上而言，其間應無要成立委任契約的法效意思存在，而僅是一「日常善意行為」，應試者如就雙方當事人間的「委任關係」加以討論，未免太過沈重。應該說，C、D 之間的基礎法律關係，是基於彼此家庭親子關係所生的協力義務（參照民法第 1084 條第 1 項），是一法定義務，故當然也就無「效力」及「代理權授與的無因性」討論的必要性存在。

2. 絕大部分應試者結論上都認為，買賣契約應就「30 元」成立，而由 A 主張錯誤撤銷，但如此思考過程，實是忽略「意思表示解釋優先錯誤撤

---

❿　參閱 Köhler, Allgemeiner Teil des BGB, S. 200.

銷」的重要基本原則。實則，本題因為 D 是受 C 的特定指示購買「招牌麵」，結果應就如同 C 親自到麵攤購買「招牌麵」一樣，經由「錯誤的表現不傷真意」的解釋，買賣契約成立在 40 元，無任何一方當事人必須主張錯誤撤銷，結果實是堪稱合情合理。

誰的錢?

> A 基於稅法上之考量,在未告知其年僅 18 歲之未成年兒子 B 之情況下,以 B 之名義,在銀行開一活期帳戶,每月定期存進若干元,持續三年,目前帳戶存款總計 30 萬元。今 A、B 兩人關係惡化,B 得知該事,主張銀行存款 30 萬元為其所有。是否有理?

說　明

實務上常出現父母親以未成年子女名義,或得其同意,或未得其同意,開戶存款,或是開戶購買股票、基金,以為避稅,只是如此的法律行為性質究竟如何?財產利益究竟如何歸屬?不無討論之必要。

擬　答

1. 銀行存款債權的歸屬

B 主張擁有銀行存款債權的前提,必須是其和銀行之間有一有效成立的「消費寄託契約」(參照民法第 602 條)。本題並不是 B 親自到銀行以自己名義開戶,而是其父 A 到銀行以 B 的名義開戶,依民法第 103 條第 1 項代理之規定:「代理人於代理權限內,以本人名義所為之意思表示,直接對本人發生效力」,在滿足如下的要件下,A 所為的「消費寄託契約」對 B 發生效力:

(1) A 必須為一意思表示

本題 A 到銀行訂立「消費寄託契約」,故本要件的滿足,殆無疑義。

(2) A 必須以本人 B 之名義訂立「消費寄託契約」

因為本題 A 是以 B 的名義開戶,即以 B 的名義訂立「消費寄託契約」,

似乎滿足要件，有問題的是不同於一般的代理，代理人以本人名義為法律行為，是為本人利益，本人從中取得權利並負擔義務，但是本題雖然 A 是以 B 的名義為法律行為，卻不是基於為 B 的利益為考量，而是基於稅法上的考量，故改以他人名義從事法律行為，其真正目的是為自己利益，是要使自己從中取得權利並負擔義務，故明顯和代理不同。此種以他人名義，卻是為自己利益考量為法律行為之情形，學說❶稱之為「冒名行為」。至於「冒名行為」的契約當事人究竟是誰，不無討論之必要：

a. 學說❷認為，基於交易安全之保護，「冒名行為」的當事人究竟是誰，應完全取決於行為相對人的主觀判斷，即如果相對人主觀上認為是要和「被冒名名義人」（即 B）訂約，則契約當事人即是 B，但如果「被冒名名義人」的名字對相對人而言並不是訂約的關鍵，相反地，相對人真正是想和「行為人」（即 A）訂約，則契約當事人即是 A。

b. 究竟法律行為當事人的主觀心態如何，必須依個案判斷，而有解釋之必要。本題對銀行而言，契約當事人真正重要的是帳戶名義人，而非開戶的行為人，因為對於「消費寄託契約」的後續契約效果，例如利息的給付或是提款事宜等等，銀行都只能以帳戶的名義人為準，所以本題的「消費寄託契約」當事人應該是 B。

(3) A 必須有代理權

如果如同本題般，「冒名行為」的當事人是成立在「名義人」時，則其間法律效果，依學說❸見解應類推適用民法代理制度。如果「行為人」事先已經得到「名義人」之允許，則「冒名行為」法律效果即應直接歸屬於「名義人」（類推適用民法第 103 條第 1 項），但如果「名義人」事先並未允許，事後亦不願承認該「冒名行為」（參照民法第 170 條），則必須由冒名行為人，自行負起「無權代理」責任（類推適用民法第 110 條）。本題既然 B 事後得知該事，而且主張銀行存款 30 萬元為其所有，自是有意主張該

---

❶ 王澤鑑，《民法總則》，第 483 頁；黃立，《民法總則》，第 412 頁。

❷ 同上註。

❸ 同上註。

「冒名行為」對其發生效力，故「消費寄託契約」對 B 發生效力。

結論 B 主張是銀行存款債權擁有者，自是有理。

2. A 對 B 主張返還銀行債權利益

但是 A 卻可以主張，其並無贈與 B 之意思，故 B 取得的銀行存款債權，是無法律上原因而取得，故必須依「耗費型不當得利」之規定，將之返還於 A（民法第 179 條）。

例題 **39**

行紀契約代為買受名畫

A 是某大亨女兒，繼承為數甚多遺產，為求謹慎投資，遂有意購買藝術品，以為保值及收藏。某次 A 聽聞，有畫廊欲拍賣某畫家真跡名畫，認為機會難得，遂委由律師 B 代為出價。為不使自己財產身分曝光，雙方約定，僅能以 B 自己名義出價購買。在經過激烈出價後，B 終於以高價標得名畫：

問： 1. A 卻後悔。畫廊應向何人請求價金給付？

2. 如果畫廊將名畫所有權移轉給 B 之後，B 的債權人立即主張聲請查封。A 應如何主張？

說　明

民法第 576 條規定：「稱行紀者，謂以自己之名義，為他人之計算，為動產之買賣或其他商業上之交易，而受報酬之營業」，得知「行紀契約」是指契約當事人「以自己名義」但卻為「他人利益」打算而為法律行為的契約[104]，典型例如證券交易商和委託人間的契約關係，即是「行紀契約」，換言之，證券交易商是以自己名義，為委託人利益買賣股票。因為行紀人並無取得為委託人為代理行為的權限，即無代理權，故亦無民法第 103 條以下的適用，行紀人所為法律行為的效果歸屬究竟如何？有待進一步釐清。

擬　答

1. 畫廊對 A 的主張

畫廊可以向 A 請求價金給付的請求權基礎可能是民法第 367 條，而其

---

[104]　學說大多認為行紀契約是「僱傭契約」的特殊型態：參閱 Jauernig/Schlechtriem, vor §631, Anm. 4。

前提必須是畫廊和 A 之間有效成立「買賣契約」。本題的名畫買賣，並非是 A 親自為之，而是由其律師 B 代為標得，故該買賣契約要對 A 發生效力，必須符合民法第 103 條第 1 項代理之規定：

⑴ B 須為一意思表示，殆無疑義。

⑵ B 必須以 A 之名義成立買賣契約：

　a. 基於保護意思表示相對人之利益，為使意思表示相對人可得知悉與何人為法律行為，所以代理制度要求代理人在為代理行為時，必須清楚地以「本人」名義為意思表示，即所謂的「顯名原則」。本題明顯 B 並未以 A 的名義為之，故不合本要件。

　b. 行為人並非以「他人名義」，而是以「自己名義」，但是卻為他人利益為法律行為，學說稱之為「間接代理」，但仍非是民法第 103 條所謂的「代理」，故而間接代理人所為的法律行為，並不會直接對本人發生效力。而「間接代理」實務上最典型的例子，即是如本題的「行紀契約」（參閱民法第 576 條）：「稱行紀者，謂以自己之名義，為他人之計算，為動產之買賣或其他商業上之交易，而受報酬之營業」，因為 A、B 之間雙方的「行紀契約」約定，故 B 只能以自己名義出價買受名畫，而 B 確實僅以自己名義為之，故該意思表示不會對 A 發生效力（參照民法第 578 條）。

結論 畫廊不能對 A 主張價金給付，而只能對 B 主張價金給付。

2. A 對名畫所有權的主張

A 可能可以根據強制執行法第 15 條提起「第三異議人之訴」，而其前提是該畫之所有權歸屬於 A，而非債務人 B 所有。因為 B 是以自己名義，根據民法第 761 條第 1 項由畫廊處受讓名畫之所有權，所以至此名畫所有權歸屬於 B。只是 B 尚且必須根據和 A 所訂的「行紀契約」，負交付名畫及移轉所有權之義務給 A，如果 B 無法履行其義務，A 也只能以一般債務不履行之規定主張權利，並以一般債權人身分對 B 之財產為強制執行而已，而無從主張是名畫所有權人，故亦不能提起強制執行法第 15 條的第三人異議之訴。

酒醉的老闆

A 開設一家時裝精品店。但 A 卻是不折不扣之酒鬼，天天酗酒，無法專心照料店務，遂將店章及專用訂貨單交由會計 B 保管，待要用時，再向 B 索取。某日，B 擅作主張，使用店章及專用訂貨單，向平日即有生意往來之大盤商 C，以 5 萬元訂購一套成本 4 萬 5 千元名牌 LW 服飾。C 見往常之店章及專用訂貨單，遂花運費 1000 元交貨於 B。此事為 A 所得知，A 認為該 LW 服飾不合經營需求，而拒絕給付買賣價金。

問：C 得主張何種權利？

說　明

本人授與代理權給代理人，因此代理人所為之代理行為對本人發生效力，學說稱之為「意定代理」。但是實務上往往發生的是，某人並無被授與代理權，但是外界第三人卻因特定事由或是外觀表象的存在，而信賴該人擁有為本人為法律行為的權限，故而和該人為法律行為，為基於保護第三人的信賴及交易安全，民法規定本人必須為此負起責任，學說稱之為「表見代理」。「表見代理」的理論及適用，往往對民法總則初學者造成困擾，是「代理制度」中，最為困難的問題，初學者必須仔細研習本例題，而同時也應藉由本書所提列的「表見代理」構成要件，體會並理解「表見代理」的法律理論及意義。

擬　答

1. C 對 A 主張契約的履行責任

C 可能可以向 A 請求 5 萬元的價金給付，前提必須是 A、C 之間的買

賣契約有效成立。而因該買賣契約的要約是由 A 的會計 B 所為，因此 B 所為要約要對 A 發生效力，必須符合民法第 103 條第 1 項之要件：

(1) B 以 A 本人名義為要約

　　本題 B 使用 A 店章及專用訂貨單，故是以 A 名義為要約，並無問題。

(2) B 所為的要約，有無代理權？

　　a.根據民法第 167 條規定，代理權的授與須以單獨行為為之，而且依「代理權授與的獨立性」，代理權的授與必須和基礎法律關係，獨立判斷，只是實務上「代理權授與」和「基礎法律關係」往往難以加以被清楚獨立觀察，因此學說上認為，一旦基礎法律關係有效成立，即推定同時有「代理權授與」，只是本題仍難謂會計 B 因為和 A 有僱傭關係存在，即推定僱主 A 有授與代理權於 B，因為「會計」之工作內容，實和「售貨」無關，因此尚難僅以會計工作的僱傭契約有效成立，即推定認定 A 對 B 有授與代理權為買賣行為。

　　b.雖然 B 不存在有「意定代理權」，但要問的是，是否 A 仍然必須對 B 以其名義所為的買賣契約表象，負本人責任？所考慮的是民法第 169 條第一類型的「表見代理」責任（或稱「假象代理」）：「由自己之行為表示以代理權授與他人（……）對於第三人應負授權人之責任。但第三人明知其無代理權或可得而知者，不在此限」，其成立要件討論如下❿⑤：

　　(a)本人有一授與他人代理權之表象：如果 B 只是口頭上向第三人 C 表示，A 授與其代理權為要約，則如此事實尚仍不足使外界 C 相信，A 確實有授與 B 代理權為買賣契約，因此自也不能即對 A 課以表見代理責任，只是本題 A 將店章及專用訂貨單，交付 B 保管，依一般社會經驗得知，平常人絕無法輕易得到店章及專用訂貨單，因此 B 使用店章及專用訂貨單的事實，應足以構成使外界相信，B 確實是受到 A 代理權授與，故依如此表象對 A 課以表見代理責任，自屬合理。

　　(b)致使第三人善意相信代理權有效被授與：本題 C 的善意，並無可疑之處。

---

❿⑤　參照最高法院 62 年臺上字第 782 號判例。

小結：　基於民法第 169 條的「表見代理」，A 必須為自己所形成的代理權授
　　　　與表象負責，故 C 可以向 A 主張 5 萬元價金的給付。

2. C 對 B 主張無權代理責任

C 可能可以向 B 根據民法第 110 條：「無代理權人，以他人之代理人名
義所為之法律行為，對於善意之相對人，負損害賠償之責」，請求損害賠償。

(1)和民法第 169 條「表見代理」的競合爭議

a.有學說[106]認為，既然意思表示相對人已經可以經由「表見代理」獲
得充分的保護，但卻放棄保護時，則自無再向代理人主張無權代理之理由。

b.參照最高法院 60 年臺上字第 2130 號判例：「由自己之行為表示以
代理權授與他人者，對於第三人應負授權人之責任，必須本人有表見之事
實，足使第三人相信該他人有代理權之情形存在，且須第三人基此表見之
事實，主張本人應負授權人之責任，若第三人不為此項主張，法院不得逕
將法律上之效果，歸屬於第三人」，最高法院認為，在「表見代理」之情形
下，並不排除意思表示相對人仍可以對代理人主張無權代理責任。對此爭
議，本題擬答認為，基於民法第 169 條的「表見代理」是為保護相對人交
易安全的制度，自故應由相對人自行決定，是否可以放棄法律之保護才是，
而如果認為一旦相對人放棄主張民法第 169 條，就不能再主張民法第 110
條，則結果等同強迫相對人主張民法第 169 條的保護一般，自不合理，故
應許可相對人 C 可以轉而向無權代理人 B 主張責任才是。

(2)至於無權代理人 B 應負如何的損害賠償責任，學說亦有相當爭議

a.通說[107]認為，不論無權代理人的故意或是過失，其都必須對履行利
益或是信賴利益為賠償責任。

b.折衷說則認為無權代理人之責任，應分別視之：如果 B 是故意為無
權代理行為，自應課以較重責任，所以應負「履行利益」損害賠償責任，

---

[106]　王澤鑑，《民法學說與判例研究(六)》，第 15、16 頁。

[107]　史尚寬，《民法總則》，第 504 頁；施啟揚，《民法總則》，第 296 頁；鄭玉波，
　　《民法總則》，第 313 頁。

而如果 B 只是因過失（或是無過失）而不知其為無權代理，當然責任就應被減輕，而只須負「信賴利益」損害賠償責任，而且「信賴利益」不應大於「履行利益」。本題因為 B 是明知無權代理而為代理行為，故 C 可以請求買賣契約所應獲得的 5000 元「履行利益」損害賠償。

　　c. 少數說❿卻認為，依民法第 213 條的損害賠償「回復原狀」原則，無權代理人 B 應對意思表示相對人 C，負回復到如同沒有為無權代理情況的狀態，即 C 根本不會訂立買賣契約之狀態。換言之，B 必須對 C 負「信賴利益」損害賠償之責任才是。

　　d. 解題意見：比較三說，以折衷說的責任衡量最具說服力，只是折衷說實在欠缺實證法條文的根據，不知如此判斷由何而來？即使國外有此立法例，但是就現行本國實體法條文而言，仍是欠缺根據❿。而少數說卻是明顯以民事損害賠償法條文為出發，較有實體法上的根據，故為此處擬答所採。

小結：C 可以向 B 請求 1000 元的信賴利益損害賠償。

結論 C 有兩個請求權基礎，一是對 A 主張民法第 169 條的「表見代理」責任，請求 A 給付 5 萬元的價金給付。二是對 B 主張民法第 110 條的「無權代理責任」，請求 B 給付 1000 元的信賴利益損害賠償。兩者請求權立於競合地位，C 可以擇一行使。

---

❿　林誠二，《民法總則（下）》，第 208 頁；最高法院 85 年臺上字第 2072 號判決。
❿　相同意見：王澤鑑，《民法總則》，第 505 頁。

接線生訂貨

　　18 歲的 A 得其父母同意，在 B 製藥公司打工，擔任接線生，自己賺取零用錢。C 公司是 B 製藥公司的長期藥品原料供應商，某次打電話詢問 B 是否需要製藥原料，因負責人不在，A 擅作主張應允之。待原料送至公司，B 公司始察覺此事，但卻收下原料，並未對 A 懲處。次回，C 又打電話詢問 B 公司，A 又再次應允訂貨，C 仍未察覺 A 只是接線生。待貨送至 B 公司，因貨款過高，B 拒絕給付。

　　問：C 可以向誰？主張什麼？

說　明

　　民法第 169 條共規範兩種「表見代理」類型：「由自己之行為表示以代理權授與他人，或知他人表示為其代理人而不為反對之表示者，對於第三人應負授權人之責任」，本書將前者稱之為「假象代理」，後者稱之為「容忍代理」，是「代理制度」中最為困擾的問題。本例題是針對「容忍代理」而設計，解題者應學習就容忍代理的個個要件，逐一檢查，在體系化思考及解題下，既可以得出適切的結論，同時解題者也可以從「容忍代理」的構成要件中學習、體會及理解「容忍代理」的法律意義。

擬　答

1. C 對 B 主張契約責任履行

　　C 可能可以向 B 根據民法第 367 條主張價金給付，而其前提是 B、C 之間必須有一買賣契約存在。問題在於，是否 A 擁有代理權限，而根據民法第 103 條第 1 項，其以 B 名義為藥品原料訂貨事宜，對 B 發生效力？

(1)意定代理

A 的意定代理權並無法藉由其基礎僱傭關係的成立，而被推定有被 B 授與代理權，因為 A、B 之間的僱傭契約內容，只是擔任電話接線工作，A 明顯欠缺代 B 為訂貨的權限。

(2)容忍代理

雖然 B 並未授與 A 意定代理權，但要考量的是，是否 B 必須根據民法第 169 條第二類型：「知他人表示為其代理人而不為反對之表示者」，負起「表見代理」（或是所謂「容忍代理」）責任，其要件如下：

a.本人明知他人代理行為，但卻不為反對意思

本題製藥公司 B 確實是曾經明知 A 有代理的行為，但卻未做出任何的懲處，故已符合要件。只是本人明知他人代理行為，但卻不為反對意思的「容忍代理」，也有學說❿認為，根本就是默示授與代理權，而非是真正的「表見代理」責任，不過如此爭議也僅限於學說爭議，對於實務案件處理上，並無重大實益。

b.第三人相信他人有代理權

因為在經過第一次順利買賣後，C 當然可以相信 A 確實是有代理權，故該要件在本題並無疑問。

c.因果關係

「容忍代理」指的是，第三人必須基於本人的容忍行為，故而善意相信本人有授與代理權，換言之，如果第三人對於本人的「容忍事實」並無認知，則即無法主張成立「容忍代理」，而受保護。本題明顯地 C 對於 B 的容忍事實，毫無所悉，當然也無所謂因「信賴」B 的容忍代理而為法律行為，故不成立「容忍代理」⓫。

(3)假象代理

可以考量的是，是否 B 必須根據民法第 169 條第一類型的「由自己之行為表示以代理權授與他人」，負起另一「表見代理」責任（或稱「假象代

---

❿　Flume, Allgemeiner Teil des BGB II, §49 3.

⓫　參閱 Brox, Allgemeiner Teil des BGB, Rdn. 522.

理」)？其要件如下：

a.本人為一授與他人代理權之表象

當接線生 A 第一次擅做主張，代 B 訂貨，實已經超出僱傭人 B 的意料之外，因此難謂僱主 B 須對此一行為負責。但是 B 在知道此事後，卻並未對 A 做出懲處及適當的職務調動，卻仍使 A 繼續擔任接線生的工作，使得 A 再次有機會以 B 的名義訂貨，而對外形成是 B 代理人的表象（假象），此次 B 對該表象（假象）的形成，實在難辭其咎，而必須負責。

b.致使第三人善意相信代理權有效被授與

也因為 A 並未被調離職務，故使得 C 有鑑於從前買賣的順利，故而善意相信 A 的代理權存在，並一再地和 A 接洽訂貨事宜，故其善意信賴應受「表見代理」之保護才是。

結論 B、C 間的買賣契約有效成立，C 可向 B 請求給付貨款。

2. C 對 A 主張無權代理責任

C 可能可以對 A 主張民法第 110 條的「無權代理」責任。

⑴和民法第 169 條「表見代理」的競合爭議，以及損害賠償範圍的問題，已在上述的例題 40「酒醉的老闆」中，加以討論，本題擬答不再詳述。

⑵問題是，A 只是限制行為能力人（18 歲），是否必須負起「無權代理責任」，不無疑問。雖然民法第 110 條文義並無明文規定，但是學說❷卻力主，如果要未成年人負起「無權代理責任」，而向相對人為「履行利益」或是「信賴利益」之賠償，實則就是要未成年人負起法律行為的債務不履行責任，和民法對未成年人的交易能力保護的立法精神，明顯不符，故應有加以限制之必要。學說認為只有當未成年人在得到其法定代理人之同意下，而為「無權代理行為」時，該未成年人始須負「無權代理責任」。該學說意見已被廣泛接受，而成為習慣法，故本題擬答亦採用之，而本題雖然 A、B 間的僱傭契約，為 A 的父母所同意，但是明顯地，A 的父母也僅止於同意 A 的接線生工作，對於 A 的擅自代 B 訂貨事宜，其父母根本無從得知，

---

❷　王澤鑑，《民法學說與判例研究（六）》，第 9 頁；施啟揚，《民法總則》，第 296 頁。

更遑論同意，故 A 不須對其「無權代理責任」負損害賠償責任，以完整保護未成年人 A 之利益。

結論 C 不能對 A 主張無權代理責任。

空白授與代理權

A 急需 100 萬元，遂向姊姊 B 請求周轉。B 表示現在很忙，遂交付印章、郵局存摺，並告之密碼，要 A 自己到郵局領款。A 到郵局後，卻在提款單上填上 120 萬元。郵局見印章及密碼無誤，立即付款 120 萬元。

事後 B 得知此事，不承認該筆提款，有無理由？

說 明

基於我國特有的風情民俗，國人慣常使用印章以取代本人的簽名，而更基於特有的人情世故，國人彼此間相處的信賴感很重，故也常發生將印章交由熟人，請代為提款。如果代為提款之人正常為事務執行，亦無問題，只是人心難測，如果受委託取款之人，心生歹念，而造成委託取款人的損失，則法律關係應如何處理？值得討論。

擬 答

A 的提款如要對 B 發生效力，必須滿足民法第 103 條第 1 項的要件：

1. A 所為提款行為，是一終止「消費寄託契約」之意思表示，並無疑義。

2. A 也是以 B 的名義為提款，亦無疑義。

3. 是否 B 有授與 A 代理權，提取 120 萬元？

(1)就本題的 120 萬元給付的性質觀之，該給付是一「可分之債」，故可以區分成「100 萬元」及「20 萬元」的給付加以觀察、討論。就「100 萬元」的給付而言，是當初 B 所授權 A 可以取款的範圍，所以有代理權授與（參照民法第 167 條「意定代理」），故應對 B 發生效力。

(2)至於「20 萬元」的部分，則不無疑問。

a. 雖然 B 所明示同意授與代理權的範圍是「100 萬元」取款，但是 B

卻將印章、存摺及密碼交付 A，等同 B 明知空白提款單，但卻仍將之蓋章，而交付第三人任意填寫一般，當 A 事後填寫「120 萬元」，B 自應對此負民法第 169 條第一類型的「表見代理」責任。也因為「表見代理」是信賴責任，而不是意思表示責任，況且 B 將印章、存摺及密碼交付 A，等同 B 對空白提款單加以簽名、蓋章，自不能否認該空白簽名、蓋章之內容效力 ❶❸，所以 B 不能根據「意思表示錯誤」（參照民法第 88 條第 1 項）或是詐欺（參照民法第 92 條）主張撤銷。

　　b.況且依民法第 310 條第 2 款規定：「受領人係債權之準占有人者，以債務人不知其非債權人者為限，有清償之效力」，而取得郵局存款帳戶的印章、存摺及密碼之人，即處於隨時可以事實上提取存款之人，故是一債權的準占有人，郵局對之給付，即發生清償效力。

結論 B 的 120 萬元提款，對 A 發生效力。

---

❶❸　參閱例題 34「不知內容的簽名效力」。

印章遺失之責任

　　A 和其男友 B 同居多年，感情融洽，遂將存摺、印章及密碼告知 B，由 B 保管，並非常信任 B，故也委由 B 代為提款。

1. B 卻在未告知 A 之情況下，擅自以 A 的印章，申辦手機使用。

2. 在經過多年同居生活後，A、B 間感情轉趨平淡，A 遂向 B 要回存摺及印章，由自己保管。某日，B 趁 A 不在，偷取 A 的存摺及印章，偷偷到郵局領取 50 萬元。

　　問：A 是否必須負責？

🌀 說　明

　　國人慣常使用印章理財，因此經常發生的是當印章遺失或是被盜，而又來不及掛失時，當事人是否必須負起應有的法律責任？更甚者，國人又經常會把印章交由其所「信賴」之人保管，可是當此人不再值得「信賴」，而擅自使用印章時，當事人是否也必須負起法律責任？此一問題不但是法律理論上值得探討的問題，更是日常生活重要的法律問題之一，因此即使是非法律人也有理解的必要性。

▶ 擬　答

1. 手機申辦契約的效力

　　如果手機的申辦契約（買賣、租賃及僱傭的混合契約）❶的「冒名行為」，對 A 不發生效力，A 即無須給付手機申辦費用。問題是，B 以 A 的印章，即以 A 的名義所申辦的手機，電信公司可否主張信賴係有 A 的代理

---

❶　參閱 Palandt/Putzo, vor §535 Rdn. 31.

權授與？換言之，是否 A 必須類推適用民法第 169 條第一類型：「由自己之行為表示以代理權授與他人」，負「表見代理」責任？要件討論如下：

(1)本人為一授與他人代理權之表象

實務最常發生，並有爭議的是，將印章交由他人保管，他人卻擅自使用，其所訂立的法律行為，本人是否必須負責？最高法院判例⑮採否定見解，只是本題擬答認為，將印章交付他人保管，如他人擅自使用該印章，致使對外界造成代理表象，如此的代理表象，自是溯及於本人當初的交付印章於他人的不當行為。換言之，代理表象的造成確實是因本人行為所形成，當本人將印章交付他人之時，即應理解有被擅自使用的風險存在，而最後由其承擔該風險，是屬合宜。

(2)致使第三人善意相信代理權有效被授與

問題是，第三人必須是善意相信印章持有人是有權代理，對此要件，本題卻不無疑問，因為對於意思表示相對人（電信公司）而言，非本人而持有本人印章，前來申辦手機，至少也應核對印章持有人和申辦名義人之關係，究竟為何？如是配偶、兄弟姊妹代為申辦，尚屬合理，但如果是完全毫無關係之人申辦手機，電信公司卻仍未加以進一步確認，即接受申辦，實不無有過失之虞，而難謂是善意。

結論 A 無須對手機申辦契約負責。

2. 郵局提款的效力

是否 A 可以否認郵局的 50 萬元給付，關鍵仍在於郵局是否可以主張

---

⑮ 最高法院 70 年臺上字第 657 號判例：「由自己之行為表示以代理權授與他人者，對於第三人應負授權人之責任，必須本人有表見之事實，足使第三人信該他人有代理權之情形存在，始足當之（參看本院六十年臺上字第二一三〇號判例）。我國人民將自己印章交付他人，委託該他人辦理特定事項者，比比皆是，倘持有印章之該他人，除受託辦理之特定事項外，其他以本人名義所為之任何法律行為，均須由本人負表見代理之授權人責任，未免過苛。原審徒憑上訴人曾將印章交付與呂某之事實，即認被上訴人就保證契約之訂立應負表見代理之授權人責任，自屬率斷」。

善意信賴 B 的行為，故發生清償法律效果？首先應釐清的是，B 以 A 的存摺及印章，即以 A 的名義所提款的行為，卻是為自己使用利益，雖然不是真正所謂的「代理」，而是「冒名行為」，但是依學說見解，其法律效果，應類推適用民法第 103 條以下「代理」之規定，故而本題關鍵問題在於，B 是否有為 A 提款的代理權存在？

⑴一剛開始，A 確實有授與代理權給 B，請代為提款，只是後來 A 終止委任關係並撤回代理權，因此 B 失去代理權（參照民法第 108 條第 1、2 項）。

⑵B 後來又將 A 的存摺、印章偷走，是否 A 必須依民法第 107 條規定：「代理權之限制及撤回，不得以之對抗善意第三人」，負「狹義表見代理責任」？如果 A 在代理權消滅後，卻仍未將存摺、印章取回，使得 B 有機可乘，參照民法第 109 條的立法精神，此時 A 自然必須對第三人信賴存摺、印章，所造成的表象結果負代理責任。但是本題 A 在代理權消滅後，就即時取回存摺、印章，已經藉由合理的方式徹底消滅代理表象，自然不應再對之課以本人責任才是。而即使 A 取回存摺、印章，但卻因過失而未將存摺、印章好好收藏，使得 B 有機會偷走印章及存摺，也不應即對 A 課以本人責任，因為參照民法第 949 條的立法價值判斷：「占有物如係盜贓或遺失物，其被害人或遺失人，自被盜或遺失之時起，二年以內，得向占有人請求回復其物」觀之，對於盜贓、遺失物的所有權人和善意取得人間的利益衡量，立法者較為傾向保護原物所有權人，而且不論原物所有權人對於遺失有無過失，都在所不問❶❶❻。由此可知，即使 A 因過失遺失印章，依民法第 949 條的價值判斷，也無須負表見代理責任。

⑶雖然 A 無須負民法第 107 條的「狹義表見代理責任」，但因本題是涉及郵局（銀行）和存款戶之間的法律關係，通常可以認定在郵局（銀行）和存款戶之間，有一默示約定，只要郵局（銀行）核對本人存摺、印章及密碼無誤，郵局（銀行）即可以，也必須加以付款，至於提款第三人有無被授權領款，則在所不問。除此之外，民法第 310 條第 2 款規定：「向第三

---

❶❻　參閱 Köhler, PdW, BGB AT, S. 189.

人為清償，經其受領者，其效力依左列各款之規定：……二、受領人係債權之準占有人者，以債務人不知其非債權人者為限，有清償之效力」，亦可以認為持有存摺、印章及密碼之第三人，即是債權的準占有人，故郵局（銀行）如對之為給付，即發生清償效果❶❶❼。

結論 郵局給付 50 萬元，對 A 發生清償效力。

---

❶❶❼　參閱劉昭辰，《占有》，第 125 頁。

被詐欺的代理行為*

A 想要購屋結婚，對 B 的房子頗有好感，在看完房子後，碰到 B 的鄰居 C，遂隨口問說：「房子附近生活機能好不好？」因為 C 是 B 的好鄰居，雖然明知並非事實，但為使 B 能順利賣出房子，仍稱「已經有大財團來準備購地，預備在附近進行大型造鎮計畫，因此生活機能不成問題」，A 聞其言，遂立即委託律師 D 簽約買屋。其後才知，原來根本沒有所謂大型造鎮計畫。

問：當事人間法律關係如何？

說　明

代理權授與是一單獨行為，代理人因而取得代理地位，故其所為的代理行為可以對本人發生效力，代理人不負任何責任，所以對代理人而言，代理權的授與僅是一「無損益的中性行為」。既然代理權授與行為是法律行為，也就有被詐欺的可能，而有民法第 92 條的適用，只是基於上述代理權授與的特性，代理權被詐欺的撤銷，亦有特殊的考量。

擬　答

1.買賣契約的撤銷

A 因為鄰居 C 的不實說法，而訂立契約，故可能可以根據民法第 92 條第 1 項本文，撤銷和 B 之間的買賣契約。但須考慮者如下：

(1)本題並不是 A 親自訂立買賣契約，而是委由其律師 D 代為訂立，而

---

*本例題為德國典型有名的代理權授與被詐欺之練習題，學習者不可不會，參閱：
Brox, JA 1980, 449; Köhler, PdW, BGB AT, S. 182; Larenz, Allgemeiner Teil des BGB, §31 II.

依民法第 103 條第 1 項，其律師代理人 D 所為之意思表示對 A 發生效力，而根據民法第 105 條本文，意思表示的被詐欺事實有無，應以為意思表示的代理人為準，而本題代理人 D 為意思表示時，並無被詐欺之事實，而是本人 A 被詐欺，因此 A 似無撤銷之可能。但民法第 105 條但書卻又有特別規定：「但代理人之代理權係以法律行為授與者，其意思表示，如依照本人所指示之意思而為時，其事實之有無，應就本人決之」，因此雖然本題被詐欺的是 A 本人，但是 A 本人基於詐欺事實，而對其代理人 D 有具體特定指示為買賣契約，則 A 本人仍能主張代理人的意思表示是被詐欺，而加以撤銷。

⑵本題詐欺行為並不是契約當事人 B 所為，而是其鄰居 C，如同意 A 因而得以主張詐欺撤銷，對 B 殊有不公，因此民法第 92 條第 1 項但書也特別規定：「但詐欺係由第三人所為者，以相對人明知其事實或可得而知者為限，始得撤銷之」，而鄰居 C 和 B 之間並無任何利益相關之情事，故是第三人詐欺，自為明顯，而 B 也不知 C 的詐欺事實，故 A 不能主張詐欺事實撤銷。

小結： A 不能主張詐欺撤銷買賣契約。

2.代理權授與的撤銷

A 可能可以主張其代理權授與被詐欺，而根據民法第 92 條第 1 項撤銷，使得 D 所為的買賣契約成為無權代理，而對 A 不生效力。

問題是，A 的代理權授與的意思表示雖被詐欺，但卻不是意思表示的相對人 D 所為，而是第三人 C 所為，根據民法第 92 條第 1 項但書規定，只有在代理權授與的意思表示相對人 D 明知有詐欺事實時，A 始能撤銷，而本題 D 明顯不知詐欺事實。

但畢竟代理人 D 經由代理權授與，只是取得代理人地位，其所為的法律行為只對本人發生效力，代理人不負任何意思表示責任，換言之，代理權授與對於代理人 D 而言，是一無損益的中性行為，真正受有利益影響的仍是代理行為的相對人 B（房子出賣人），因此有學說�118認為，在類推適用

�118　MünchKomm/Thiele, §167 Rdn. 87.

民法第 91 條之下，如果代理行為相對人 B 對於代理權授與的被詐欺事實，有明知或是可得而知之情形，即使代理人 D 不知代理權授與的詐欺事實，也應認可本人可以撤銷代理權才是❶❶❾。但是本題，因為代理行為的相對人 B 也是善意不知詐欺事實，故 A 仍無得主張撤銷。

3. 物之性質重大錯誤？

A 誤以為附近土地將有「大型造鎮計畫」，是否可以因此主張構成對所要購買房子的「物之性質錯誤」，而根據民法第 88 條第 2 項加以撤銷？實不無疑問。本題擬答認為，「物之性質」應僅限於和標的物本身有直接相關的事實上或是法律上之要素者，如果只是物本身以外因素的錯誤，即使會影響物之價值者，仍不宜被認定是「物之性質錯誤」，而僅能當成是一般「動機錯誤」而已，否則任何外在因素，動輒構成「物之性質」，將嚴重影響交易安全，故本題 A 誤認附近土地將有「大型造鎮計畫」，畢竟和其所要購買的房子本身無直接關聯，故不應被認定是對房子有「物之性質」錯誤，所以 A 不能主張民法第 88 條第 2 項撤銷。

結論 本題最終 A 只能向詐欺人 C 主張民法第 184 條第 1 項後段及第 2 項的侵權行為損害賠償責任，以為求償。

---

❶❶❾　對此，德國民法 §123 II BGB 即有明文立法："Hat ein Dritter die Täuschung verübt, so ist eine Erklärung, die einem anderen gegenüber abzugeben war, nur dann anfechtbar, wenn dieser die Täuschung kannte oder kennen musste. Soweit ein anderer als derjenige, welchem gegenüber die Erklärung abzugeben war, aus der Erklärung unmittelbar ein Recht erworben hat, ist die Erklärung ihm gegenüber anfechtbar, wenn er die Täuschung kannte oder kennen musste."

例題 **45**

代理權授與的要式性

A 人在國外，但在臺灣擁有一別墅，因無法親自處理，遂以書面委託土地代書 B，代為尋覓買主。有建商 C 願意出高價購買，B 遂予以應允。

隔天 B、C 二人一起到公證人處，欲為房屋買賣契約的公證，但是卻為公證人告知，因為 B 欠缺 A 的代理權授與的公證文件，所以公證的買賣契約效力未定，仍有待日後 A 的加以承認，始能生效。B 遂急忙打越洋電話給 A，A 緊急以傳真書面同意承認該買賣契約的效力。之後，B、C 二人完成房屋移轉登記。

問：事後 A 因為要回國定居，所以想主張該筆房屋買賣契約無效，有無可能？（本題必須討論民法第 166 條之 1）

🔈 說　明

代理權授與原本並無要式性規定，但是在民法第 166 條之 1 增訂，並在債法修正民法第 531 條之後，代理權授與在不動產買賣遂有特殊的公證要式性要求，其間所可能衍生的問題，值得討論。

◤ 擬　答

1. 買賣契約的效力

B、C 之間的土地買賣契約對 A 發生效力，其前提必須是滿足民法第 103 條第 1 項之要件。有問題的是，是否 B 有代理權限，可以 A 的名義，代為買賣土地？

⑴因為 B 受 A 委託，代為出賣土地，因此雙方成立一委任契約（參照民法第 547 條），基於「代理權授與的獨立性」，委任的基礎法律關係存在，

未必就會有代理權授與，但是基於實務上代理權授與和基礎法律關係，往往無法被清楚加以分辨、觀察，所以學說❶認為，當基礎法律關係成立，即可以推定有代理權的授與。

(2)代理權的授與是一單獨行為，原則上該法律行為並無要式性，只是民法第 531 條對於代理權的授與，卻有特別的要式性規定：「為委任事務之處理，須為法律行為，而該法律行為，依法應以文字為之者，其處理權之授與，亦應以文字為之。其授與代理權者，代理權之授與亦同」。本題 A 委任 B 代為買賣土地，根據民法第 166 條之 1，該土地買賣契約有要式性要求，即必須在公證人處完成公證書，始生效力，根據上述民法第 531 條，A、B 間的代理權授與，亦必須有公證書的要式性要求，而本題雖然 A 確實有授與代理權於 B，但如同公證人所提示，卻欠缺公證的要式性，因此代理權授與依民法第 73 條之規定，無效。

小結：B 因是無權代理 A 為買賣契約，故該買賣契約對 A 仍不生效力。

2. 該效力未定之買賣契約，可能因為如下之原因而生效：

(1) A 是否因事後以書面傳真承認買賣契約，而使得原本效力未定的買賣契約因民法第 170 條而生效？問題是，是否 A 事後的「承認」，亦須符合民法第 166 條之 1 的公證要式性規定，始為有效之「承認」？

雖然民法第 531 條只是對委任事項，有代理權授與的要式性要求，但本題擬答認為，基於不動產買賣代理權授與的公證要式性要求，其立法目的是在於課以契約雙方當事人應再三謹慎思考，而不應以口頭輕易為之，故同樣也應要求本人在為不動產買賣契約的事後承認時，也應在公證人處完成公證，始能生效才是，否則，僅以口頭就使不動產買賣契約生效，結果明顯違反民法第 531 及 166 條之 1 的立法目的。故本題因為 A 事後僅以一般書面承認不動產買賣契約，而非是以公證方式完成承認，故仍不生「承認」效力。

(2) C 得否主張因為善意相信土地代書所出示的「書面」代理權，所以

---

❶　施啟揚，《民法總則》，第 284 頁。

A 必須根據民法第 169 條第一類型，負「表見代理」責任?

固然「表見代理」責任不是「意定代理」，僅是一「信賴責任」，而不是「法律行為責任」，但是必須強調的是，「表見代理」仍必須在符合民法意定代理的相關規定下，本人始須負責，例如本人仍必須具備行為能力⑫，或是如同本題的「代理權授與」仍必須符合必要的要式性，本人 A 始負責任，否則即會失去民法第 531 條及第 166 條之 1 的立法目的意義，因此本題 C 也不能主張 A 必須負起「表見代理」責任。

(3) C 得否主張原本無效的房屋買賣契約，因為已經完成房屋所有權移轉登記，而根據民法第 166 條之 1 第 2 項:「未依前項規定公證之契約，如當事人已合意為不動產物權之移轉、設定或變更而完成登記者，仍為有效」，而認為買賣契約對 A 生效? 觀諸該項的法律效果，是在「治癒」前項的「要式性欠缺」的法律行為，自也應認為房屋買賣的「代理權授與」的要式性欠缺，也會因房屋所有權的移轉登記完成，而被「治癒」，故整個買賣契約因而有效成立，如此始能貫徹「登記」對於法律確定性所具有的重大意義。

結論 A、C 間的別墅買賣契約終極確定有效。

---

⑫ 參閱 Köhler, Allgemeiner Teil des BGB, S. 199.

例題 **46**

無權處分

　　A 有一重型古董機車，借給弟弟 B 騎乘。B 的好友 C 見該古董機車，非常喜愛，遂問 B 能否出賣？B 見 C 出價甚高，遂答應之，並將機車交付給不知情的 C。B 猶豫三天後，終於打電話問哥哥 A，可否同意整個交易行為？A 感到頗為為難，因為昨天 A 已經將機車出售給 D，並同意 D 直接由 B 處騎回機車即可。A 考慮一天後，有鑑於 C 的出價實在太好，遂向 B 表示，可以同意該筆交易。

　　問：該部機車，究竟所有權屬誰？

說　明

　　無權處分指行為人不是以「他人名義」，而是以「自己名義」處分他人之物，所以不是無權代理，其法律效果依據是民法第 118 條第 1 項：「無權利人就權利標的物所為之處分，經有權利人之承認始生效力」，解題者必須清楚區分兩者不同。

擬　答

1. C 因法律行為讓與取得機車所有權

　　C 可能可以主張是該部機車的所有權人，因為 C 可能已經依民法第 761 條第 1 項取得機車所有權。民法第 761 條第 1 項是動產所有權移轉的物權行為，而該物權行為的構成要件及生效要件，討論如下：

⑴構成要件

　　依民法第 761 條第 1 項規定，動產所有權的移轉，在讓與人和受讓人間有「讓與合意」及「現實交付」時，即為完成。本題 B 將機車現實交付

於 C，但問題是，B、C 間的讓與合意的外在型態，究竟如何？本題的機車受讓人是 C，並無疑義，但是機車讓與人究竟是 A 或是 B，則不無疑問，而因此所牽動的法律問題，亦不相同。由本題事實觀之，因為 C 始終是善意而以為機車所有權是 B 所有，而 B 亦未告知 C 自己不是機車所有權人，所以可以推論，B 自始都是以自己名義為讓與之意思表示，而非是以代理人地位，代 A 為讓與機車之意思表示，故本題機車讓與合意契約成立在 B、C 兩人之間，應予肯定。

(2)生效要件

因為 B 是以自己名義，而不是以代理人地位為讓與之意思表示，所以並不構成「無權代理」，而是構成「無權處分」行為。而「無權處分」行為的效力，依民法第 118 條第 1 項之規定：「無權利人就權利標的物所為之處分，經有權利人之承認始生效力」，至此仍是效力未定，尚有待真正有處分權限之人，即機車所有權人 A 的承認，始生效力。而本題事實顯示，A 確實事後向無權處分人 B 為承認之表示（參照民法第 117 條），而依民法第 115 條規定：「經承認之法律行為，如無特別訂定，溯及為法律行為時發生效力」，因此承認有溯及效力，所以似乎 B 自始就成為有權處分，而非無權處分，因此 C 似乎順利取得所有權。問題是，A 的承認是否有效？

a. A 在向 B 承認處分行為之前，已經將機車讓與給 D，雖然該機車不在 A 的事實管領之下，故 A 無法現實交付給 D，但是 A、D 間卻同意，D 可以直接到 B 處騎回機車，是以 A、D 間同意將 A 將對 C 的返還請求權，讓與 D 行使，依民法第 761 條第 3 項規定：「讓與動產物權，如其動產由第三人占有時，讓與人得以對於第三人之返還請求權，讓與於受讓人，以代交付」，此種「讓與返還請求權」也是動產交付的方式之一，故在 A、D 間有如此合意時，D 即取得機車的所有權。

b. 依上所述，A 在將機車所有權讓與 D，失去機車所有權後，始承認之前 B 的處分行為，是否 A 的承認仍是有效？則學說有不同見解：

(a)通說❶❷認為，只要在第三人為無權處分行為當時，A 仍有處分權限，

---

❶❷　Jauernig, §185 Anm. 3; Köhler, Allgemeiner Teil des BGB, S. 230.

則即可以為承認，至於事後處分權人失去其處分權，則是在所不問。反對說則認為，承認人在為承認之時，必須仍有處分權限，始能為承認，否則承認無效。

(b)對於上述學說爭議，如果採通說見解，依此，似乎因為 B 無權處分之時，A 仍是機車所有權人，所以仍可以為有效的承認，而且其承認有溯及效力，故應由 C 取得所有權。只是本題既然 A 已經先將機車所有權，處分給D，則基於誠實信用原則中的「禁止矛盾行為」(venire contra factum proprium)，當然不應認可 A 可以事後再同意他人對機車的無權處分才是，否則就會造成利益衝突的矛盾現象，故此處擬答認為，A 無法為有效的承認。

小結：C 無法因民法第 761 條第 1 項，取得機車所有權。

2. C 因善意信賴取得機車所有權

即使 C 無法根據民法第 761 條第 1 項，基於有效的物權行為取得機車所有權，但是因為 C 善意以為機車所有權屬 B 所有，而由 B 處受讓並也已經現實占有機車，依民法第 801 條及第 948 條之規定，C 可以主張善意取得該機車所有權。

結論 機車所有權最終屬 C 所有。

[題後說明]

1.德國通說認為，只要承認人在第三人為無權處分行為當時，仍有處分權限，則即可以為承認，至於事後處分權人失去其處分權，則在所不問。通說舉例如下：A 偷 B 的牛，出賣並讓與惡意之 C，C 將牛宰殺，製成罐頭。A 讓與牛隻於惡意之 C，是一無權處分行為，C 並未取得所有權。但 C 卻因將牛隻宰殺，並直接製成罐頭的加工行為，取得所有權（參照我國民法第 814 條但書），而 B 因而失去所有權，但是仍不排除 B 可以承認當初 A 所為的無權處分行為，而依不當得利規定，向 A 主張其所由 C 處取得的全部價金償還。

2.本題只有 C 可以主張善意取得所有權，而 D 因為是基於「讓與返還請求權」方式（或有稱之為「指示交付」），而受讓機車所有權，故不能主張善意取得所有權。

血滴子玩具買賣糾紛*

　　A 乃 19 歲之人，在未得其父 B 同意的情況下，受僱為商家 C 的店員。某日奉 C 命，於 12 月 25 日代替 C 向 D 商談出賣「血滴子玩具五十個」的生意，且 C 曾事先打電話到 D 之家中，告知 D，將會委由 A 與其商談生意。

　　但 B 於 12 月 13 日得知 A、C 間的僱傭契約後，相當生氣，於是打電話給 C，表示不願意讓 A 受其所僱。因此，C 只好於同日告知 A，叫 A 不用再來工作，也不用去跟 D 商談生意，C 更於 12 月 24 日打電話到 D 之家中，欲告知其商談改期且會另派他人之事，然 D 因公務出國，而 D 之兒子答應待 D 回國返家後，將代為轉告。

　　不料，D 於 25 日回國後，並未回家，而是直接前往約定地點；不巧，A 亦欲向其父 B 和商家 C 證明其已長大，可以自己決定事務，而仍以 C 之名義與 D 商談生意，且訂立買賣契約，約定三日後取貨。

　　三日後，D 至 C 店裡表示欲取貨「血滴子玩具五十個」，C 向 D 表示，A 早已非其受僱人，故拒絕交付。

　　問：D 可否向 C 或 A 主張何種權利？

🗣 說　明

　　本例題綜合「行為能力」、「意思表示到達生效」、「代理制度」等等民法總則最重要的問題，充滿討論性，是一想像力豐富的絕好例題，學習者如要測試自己對民法總則的理解程度，絕不能錯過本例題的研習。

＊感謝世新大學研究生徐昇揚提供本實例題。

擬 答

1. D 對 C 的契約上請求

D 向 C 請求交付「血滴子玩具五十個」買賣標的物的可能請求權基礎為民法第 348 條第 1 項。又該請求權的存在，依民法第 345 條第 2 項之規定，須以 C、D 間的買賣契約有效成立為前提，故於此討論 C 與 D 的意思表示，是否因相互合意而生效？分別論述如下：

(1) C 之要約意思表示

本題中，C 並未親自向 D 為要約之意思表示，而係由 A 為之，故本題之爭點在於，A 之要約行為，是否能依民法第 103 條第 1 項的「代理」規定，對 C 發生效力？「代理」，指代理人於代理權限內，以本人（被代理人）名義向第三人所為意思表示或由第三人受意思表示，而對本人直接發生效力的行為。由此一定義可以分析出代理行為的法律要件有三：(1)代理人為本人為法律行為上的意思表示，(2)以本人名義為之，(3)代理人必須具有代理權限。本題中，A 之代理行為係以 C 之名義向 D 為意思表示，故具備代理行為的第一和第二要件，所以真正有爭議之問題在於「代理人是否具有代理權限」，於此分述如下：

a. 在一般的僱傭或是委任等的勞務契約中，如非有特別情事，通常該等契約即同時含有授與代理權的默示意思表示。問題是，本題 A 是限制行為能力人，其接受代理權的授與，效力如何判斷？因為接受代理權授與係一「無損益之中性行為」，故即使本題中 A 是限制行為能力人，在未得其法定代理人同意下，亦可以順利取得代理權（類推適用民法第 77 條但書）。

b. A、C 間的僱傭契約，因 19 歲 A 的法定代理人 B，表示不願意讓 A 受 C 所僱，即係表示拒絕承認 A、C 間的僱傭契約，依民法第 79 條規定，僱傭契約無效。有疑問者在於 A、C 間僱傭契約（基本法律關係）之無效，是否會影響 C 對 A 的代理權授與效力？換言之，代理權授與行為究竟是有因行為，抑或無因行為？

(a)有因說

有因說認為，代理權授與行為與基本法律關係不可分離，基本法律關係無效、不生效力或被撤銷時，授權行為亦隨之消滅，並以民法第 108 條第 1 項「代理權之消滅，依其所由授與之法律關係定之」的規定，作為其立論的依據❷。依此見解，則本題中 A、C 間之僱傭契約，因法定代理人 B 不同意而無效時，其授與之代理權亦隨之消滅，故 A 以 C 之名義而為的法律行為，因欠缺代理權限，故不生效力。

(b)無因說

無因說認為，授權行為之效力不受基本法律關係之無效、不生效力或被撤銷影響，故除當事人另有意思表示外，原則上應肯定代理權授與行為的無因性。其理由在於肯定無因性，既不違反授權人的意思或利益，亦無害代理人之利益，因代理人不會因代理行為而負有任何義務。且民法第 108 條第 1 項規定：「代理權之消滅，依其所由授與之法律關係定之」，固在表示代理權之授與應受其基本法律關係之影響，但亦僅限於基本法律關係消滅的情形，故由此可知，民法第 108 條第 1 項實為代理權存在的「存續上規定」，而非「成立上規定」❷。本題擬答採無因說的立場，理由在於代理權授與原則上並非要式行為，故並不具有客觀外在的公示性，對於相對人而言，其難以知悉本人與代理人是否確實有代理權的授與，若硬是要求其必須確認代理人具備代理權限，將使得相對人付出相當大的查詢成本，實不利交易安全的保護與現代社會下迅速交易的要求。依此，則本題中 A、C 間之僱傭契約，雖因法定代理人 B 不同意而無效，但其授與之代理權並不因此而受有影響，故 A 仍具備代理權限。

　c.但爾後 C 告知 A 不用去與 D 商談生意，依民法第 108 條第 2 項規定：「代理權，得於其所由授與之法律關係存續中，撤回之。但依該法律關係之性質不得撤回者，不在此限」，C 之告知行為係屬代理權的內部撤回，故 A 即因而喪失代理權限，故其以 C 之名義所為之代理行為，應是無權代

---

❷　洪遜欣，《中國民法總則》，第 465 頁；鄭玉波，《民法總則》，第 309 頁。

❷　王澤鑑，《民法總則》，第 498 頁。

理，對 C 不發生效力。

d.狹義表見代理（民法第 107 條）：「表見代理」係指以本人名義為代理行為，雖欠缺代理權，但在客觀上有使人誤信為有代理權或不知其無代理權的事實時，本人即應負授權人的責任（參照民法第 107 條與第 169 條）。本題中所欲討論「表見代理」的類型是民法第 107 條「代理權之限制及撤回，不得以之對抗善意第三人。但第三人因過失而不知其事實者，不在此限」之情形。依上述表見代理之法理，可區分以下三要件，加以檢視：

⒜本人先前為一代理權授與之表象

本題中，C 曾事先打電話到 D 之家中，告知 D，將會委由 A 與其商談生意，由此可知 C 先前已對 D 為外部授權通知，此一通知行為已具備代理權授與之表徵。

⒝致使相對人相信有代理權存在

本題中，D 善意且無過失的相信 A 具備有效的代理權，已符合此一部分的法理判斷（參照民法第 107 條但書）。

⒞但本人卻未以合理適當方式使第三人知道代理權已經消滅

本題中，C 於 12 月 24 日打電話至 D 家中，欲告知 D 代理權消滅之事實，然 D 因公務出國，遂委由 D 之兒子代為轉告，雖然授權消滅通知只是準法律行為，但仍必須準用法律行為相關之規定，所以要問的是，是否該通知已因到達相對人 D 而生效（參照民法第 95 條）？

①由於表意人 C 並不能直接向相對人 D 為通知表示，僅能藉由 D 之兒子間接轉告，故屬非對話性質。首先有疑問者，在於 D 因公務出國，而由 D 之兒子代為轉告之部分，是否已屬於民法第 95 條第 1 項的「到達」而生效？依最高法院 58 年臺上字第 715 號判例意旨❿，可將「到達」分為兩個要件：①意思表示達到相對人之支配領域，②且相對人隨時可能可以了解其內容。本題中，如果認定 D 的兒子是 D 的意思表示受領人（受領使者），則亦應認為「到達」之要件已經滿足，至於本題 D 因為未直接返家，以致事實上無法得知撤回的通知，因該原因事出於相對人本身，風險自應由相

---

❿　參閱例題 12「寬螢幕電漿電視機」。

對人 D 自行承擔，始為合理。

　　②如果 D 的兒子法律上不是 D 的「意思表示受領人（受領使者）」，相反地，卻是 C 的「意思表示傳達人（表示使者）」，則應認為 C 的撤回通知仍在 C 自己的支配領域內，而尚未進入 D 的支配領域，故仍未到達。是否是「受領或是表示使者」，往往必須依個案情狀、參酌社會觀點 ❿，加以認定，本題擬答認為，D 之兒子除非已具備完全行為能力且有參與 D 之事業經營，否則依一般社會觀點，商業行為須具備專業性，非一般人所能適任，故一般家人亦應認為其不具備受領商業意思表示之權限，所以 D 之兒子應非其受領使者，而係 C 的表示使者。

小結： 因為 D 之兒子係 C 的表示使者，而表示使者須其傳達意思表示於相對人時，始生到達之效力，因此 D 回國後即直接與 A 商談生意，D 之兒子尚不及對 D 傳達 C 撤回 A 代理權之通知，故 D 仍可主張民法第 107 條的表見代理。

⑵ D 之承諾意思表示

　　本題中，D 之承諾意思表示有效成立，並無問題。故 C、D 間之買賣契約有效成立，D 可以向 C 主張標的物交付請求。

2. D 可能可以向 A 請求損害賠償，其可能請求權基礎為民法第 110 條：

⑴ 前提問題

　　首先必須討論的問題是，D 既然已可依民法第 107 條主張 C 的「表見代理」責任，是否仍可選擇向 A 主張民法第 110 條「狹義無權代理」之責任？

　　最高法院 60 年臺上字第 213 號判例 ❿ 肯定相對人有選擇主張「表見代理」或「狹義無權代理」的權利，一旦相對人不選擇「表見代理責任」，即可以回頭向第三人主張民法第 110 條的「無權代理」責任。學說 ❿ 卻是認

---

❿　參閱 Jauernig, §130 Anm. 2 b bb.

❿　參閱例題 40「酒醉的老闆」。

❿　參閱例題 40「酒醉的老闆」。

為，既然 D 已經可以選擇對 C 的「表見代理」責任保護，自無理由可以向 A 主張無權代理責任的求償。

本題擬答認為，以最高法院意見較為可採，因為民法第 107 條既然是在保護善意的相對人，則相對人自當可以自由選擇是否接受法律的保護，如依學說意見，實則等同強迫要求相對人一定必須選擇「表見代理」的契約責任，變相強制接受交易安全之保護。

(2)限制行為能力人的無權代理責任

基於保護未成年人的立法精神，學說❿見解以為，如果無權代理人是限制行為能力人，如其代理行為未經法定代理人許可者，即無須負民法第 110 條的無權代理人之賠償責任，以符合法律精神，故本題，因 B 自始反對 A 的受僱，自當也可以認定 A 所為的代理行為，自始即不為其法定代理人 B 所允許，故 A 最終亦無須負無權代理責任。

❿ 王澤鑑，《債法原理(一)》，第 345 頁；施啟揚，《民法總則》，第 296 頁。

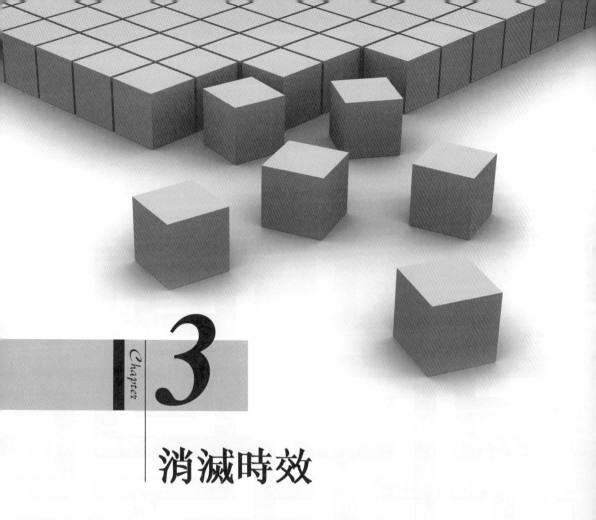

3

消滅時效

例題48

小朋友學寫字

A想舉家由礁溪搬到東勢，遂寫信給經營搬家業務之B，請其代為運送家具，並詢問費用多少。B在回信中，將搬運內容及過程詳細說明，並表示，依A之情況，願以4萬元運送。A收到信後，寫信表示，能否降為2萬元，然後將信收於抽屜中。A之5歲小孩，平日即被交代不准進書房，A也頗為注意，小孩都能遵守交代。但今日卻偷入A之書房，打開抽屜，將2萬元改成3萬元。隔天，A不察，將信寄出。B收到後，回信表示同意。

B為A搬完家後，忽生重病，病癒後因繁忙，忘記向A請求。三年後，經公司會計提醒，始向A請求。A查明事實後，表示僅願意支付2萬元。B提起訴訟。法庭上，A表示，已事過三年，為1萬元之差距，B告上法院，實感無奈。

問：B得否向A主張3萬元之運費？

🔮 說　明

民法賦予被請求人用以阻礙、對抗請求權人主張請求權的制度，有所謂「抗辯」及「抗辯權」兩種類型。前者係指針對請求權的存在及效力所為的否認，又稱之為「權利不存在抗辯」，例如請求權根本無效（所謂「抑制性抗辯」），或請求權已因清償而消滅（所謂「消滅性抗辯」），明顯地，對於此種「權利不存在抗辯」，法官在訴訟上應依其職權，而不待當事人的主張，直接認定是否有該抗辯事由存在，而為判決。

但如果被請求人並不否認請求權的存在，而只是主張有拒絕給付的權利時，此種主張稱之為「權利行使抗辯（權）」，又可以區分為「暫時性抗辯（權）」及「永久性抗辯（權）」，前者如民法第418條的「窮困抗辯（權）」，後者如有名的民法第125條以下的「消滅時效抗辯（權）」。「權利行使抗辯

（權）」是一種被請求人可以主張「拒絕給付的權利」，是一種「抗辯權」，既曰「權利」，即意謂被請求人可以自行決定行使該權利與否，例如被請求人可以完全任憑自己的道德、倫理感情，自行決定是否主張「消滅時效抗辯（權）」，法官不能依職權代為行使，而和上述的「抗辯」，明顯有著極大的不同。

擬　答

1. B 對 A 的請求權

B 得向 A 請求 3 萬元之請求權基礎可能為民法第 490 條第 1 項。而該請求權之存在，必須 A、B 雙方，有以 3 萬元為承攬報酬（運費）之要約和承諾合意為前提

(1)要　約

a. A 第一次寫信給 B，請其代為運送家具，並詢問費用多少，可能是要約或是要約之引誘。要約或是要約之引誘，區別在於，要約人有受其要約拘束之意思（參閱民法第 154 條第 1 項前段），而要約之引誘則欠缺受拘束之意思，即欠缺法效意思。本題，A 第一次寫信，詢問費用，如 B 索求運費過高，A 自然不會接受，因此難謂該信，A 已有接受和 B 訂立承攬契約拘束之意思，故僅是要約之引誘。

b. B 收到 A 之要約引誘，回信向 A 提出對承攬契約之詳細內容，並表示，願以 4 萬元運送，完全具有承攬契約成立之重要要素，是真正之要約。但 B 之 4 萬元運費要約，可能因 A 之二度寫信而消滅：

(a) A 二度寫信表示，能否就 4 萬元報酬之要約降價，即是變更 B 之要約內容，依民法第 160 條第 2 項，視為拒絕要約，故 B 以 4 萬元代為運送之要約消滅。

(b)而依民法第 160 條第 2 項，A 二度寫信表示能否就 4 萬元報酬降價，可視為新要約。問題是，A 之新要約內容為何，為 2 萬或 3 萬元？此應由要約意思表示之客觀及主觀要素加以討論：

①客觀要素

雖然 A 自己寫信表示願以 2 萬元請 B 運送，但是 A 所寄出的是已被小孩更改為 3 萬元之信件，並到達 B（民法第 95 條前段），故其對外客觀公開之意思表示，應被認定是 3 萬元之運費要約。

②主觀要素

A 將信寄出，主觀上卻是認為該信之內容應是 2 萬元，故存在對要約意思表示之主、客觀不一致之情形，形成 A 之意思表示錯誤，且是對信件內容發生錯誤，故應屬「內容錯誤」（民法第 88 條第 1 項第一類型）。錯誤之意思表示，根據客觀理論，應成立在 3 萬元，而其法律效果，在 A 未依民法第 88 條第 1 項之規定撤銷前，仍是有效。

小結： 在 A 未撤銷前，A 存在有以 3 萬元為承攬要約之意思表示。

c. A 以 3 萬元為報酬要約之意思表示，可能依民法第 114 條及第 88 條第 1 項之規定，因 A 之撤銷而溯及既往自始無效。其要件如下：① A 必須有一錯誤之意思表示存在（此一要件依上述業已具備），②該錯誤意思表示必須非因 A 之過失所形成，③ A 必須有效撤銷其錯誤意思表示。

(a)就 A 之過失討論：所謂過失，乃指對於事件的發生，依社會上一般人之觀點，行為人可預見而未預見，可避免而未避免。討論如下：A 所寄發之信被小孩所更改，但 A 平日即交代小孩不准進書房，A 也頗為注意，小孩都能遵守，A 實無理由必須預知這回有所例外，而必須特別防範以避免之，就此實難謂 A 有過失。

(b) A 必須有效撤銷其錯誤之意思表示。

①撤銷除可以明示為之，亦可以默示為之。本題，A 了解事實後，表示僅願意支付 2 萬元，已表達不願接受原先錯誤之意思表示拘束的意思，故可認為有撤銷 3 萬元要約之默示。

② A 之撤銷權可能因除斥期間經過而消滅。

依民法第 90 條之規定，撤銷權自錯誤意思表示後，經過一年消滅。本題 A 在三年後才默示表示撤銷，其撤銷權已因超過一年之除斥期間而消滅，因此 A 無法有效撤銷其錯誤意思表示。

小結：A 之 3 萬元承攬要約，自此確定存在。

(2)承　諾

B 對 A 之 3 萬元要約回信表示同意，是對 A 要約之承諾

小結：承攬契約因 A、B 雙方就 3 萬元之報酬合意而有效成立。故 B 對 A 可以依民法第 490 條第 1 項，請求 3 萬元報酬。

2. A 對 B 請求權之抗辯

本題為承攬報酬之請求權，依民法第 127 條第 7 款規定，其消滅時效為二年，而在三年後 B 始向 A 請求給付，A 自得主張時效抗辯，而拒絕給付（民法第 144 條），但如 A 未主動主張，法院不得依職權，直接引用其效果而判決。本題 A 僅是表示，事過三年，深感無奈，僅據此一事實，尚難以認定，A 知有時效消滅之法律制度，而有主張之意思，否則 A 應會因事關重大，而清楚表達之，故 B 之請求權並未因民法第 144 條第 1 項而發生給付障礙。

結論 B 對 A 可依民法第 490 條第 1 項，請求 3 萬元承攬報酬。

太魯閣號火車

　　花蓮太魯閣風景，國際馳名。近來臺鐵開辦「太魯閣號」觀光火車，往返臺北與花蓮之間，一票難求。

　　Ａ自恃其電腦知識高超，遂以各種電腦設備，大量冒用他人身分證字號，上網以網路搶購預訂「太魯閣號」火車座位，再販售給各旅行社，牟取暴利。某次Ａ又以Ｂ的身分證字號預訂「太魯閣號」火車座位，但因電腦故障，致使車票票款未能順利轉帳給臺鐵。臺鐵遂向Ｂ請求給付票價，但Ｂ卻表示不解，而拒絕給付，臺鐵遂向法院起訴。訴訟歷經三年，終於確認整個事實。臺鐵遂轉向Ａ請求票價，但Ａ卻主張臺鐵之票價給付請求權，已經罹於時效。

　　問：臺鐵應如何主張其權利？

說　明

　　本題是真實發生的案例，由此也可見，科技的進步，使得人與人之間的法律爭議態樣多元化，但是吾人也可以發現，即使法律爭議態樣漸漸多元化，但是法律原理仍然不變，基本的民法規範及理論，已經足以應付多元化的爭議，只看法律人自己對於法律的理解有多少而已。

擬　答

1. 臺鐵可能可以根據民法的「旅客運送契約」（參照民法第 622、654 條），向Ｂ主張票價給付

　　⑴而該請求權成立的前提是必須在臺鐵和Ｂ之間有「旅客運送契約」的成立。本例題，Ａ是以Ｂ的名義，完成網路訂票，因此該訂票行為必須

在符合民法第 103 條代理的要件下，始對 B 發生效力。問題是，民法第 103 條的「代理」是代理人為本人利益，故以本人名義代為意思表示，但是本例題，雖然 A 是以 B 的名義訂票，但明顯地卻是想要自己擁有該訂票結果，是為自己利益，故應不是民法第 103 條所謂的「代理」。

(2) A 以他人 B 的名義，但卻為自己利益訂立契約，學說❶稱之為「冒名」行為。「冒名」行為的法律效果歸屬，依學說認為，為保護交易安全，應以行為的相對人，即臺鐵的觀點決定，如果相對人的意思是要和「名義人」訂約，則契約成立在相對人和「名義人」間，則結果應類推適用「代理」規定，端視被冒名人是否承認該冒名行為？相反地，如果相對人主觀上對於契約當事人的「名字」究竟為何，抱持無所謂態度，而是明確要和「行為之人」訂約，則契約就是成立在相對人和「行為人」之間。

(3)本題應認定，臺鐵是要和「名義人」訂約，而不是行為人，因為就網路訂票而言，此種遠距離的訂約方式，相對人根本看不到行為人是誰，所以只能以訂票人名義為準，故契約應成立在臺鐵和 B 之間，進而類推適用代理規定，而因為 A 並未得到 B 之允許為冒名行為，且 B 也表示拒絕給付，而有拒絕承認之意思，因此契約也就終究不對 B 發生效力（參照民法第 170 條第 1 項）。

小結：臺鐵不能對 B 主張票價給付。

2.臺鐵對 A 主張無權代理責任

因為 B 不承認 A 的「冒名」行為，因此臺鐵可以類推適用民法第 110 條的「無權代理」，向 A 主張損害賠償責任，即賠償車票票價。問題是，A 主張該損害賠償請求權已經罹於時效，是否有理？對此則頗有爭議：

(1)最高法院 56 年臺上字第 305 號判例認為，民法第 110 條的無權代理人的損害賠償責任，其消滅時效並無特別規定，自然應適用民法第 125 條，為十五年。依此，A 之主張即為無理。

(2)學說❷卻有認為，民法第 110 條的無權代理損害賠償請求權，本質

❶　參閱王澤鑑，《民法總則》，第 483 頁；黃立，《民法總則》，第 412 頁。

上是請求代理行為履行未果的補償，故經濟上可以被認定是取代原代理行為的請求權，因此基本上應和代理行為有相同效果才是，而因旅客運送的運費請求權的消滅時效，根據民法第 127 條第 2 款，僅為兩年，故無權代理訂定「旅客運送契約」所生的損害賠償請求權，消滅時效也應是兩年。

(3)對此爭議，本題擬答採學說見解，否則原本臺鐵在理想狀況下，其「旅客運送契約」報酬請求權應在兩年內罹於時效，但相反地卻在有不樂見的意外情況發生後，其請求救濟的消滅時效，反而增長為十五年！如此因為不樂見情況發生，反而得利的情況，不免有違一般價值判斷。故本題，A 應該可以主張臺鐵對其民法第 110 條的請求權，已因兩年過去而罹於時效：

a.最高法院❸近來在許多的判決上，已經改變之前對於消滅時效起算時點的見解，而由「客觀說」改為「主觀說」，即最高法院認為消滅時效起算的時點，不是以請求權成立時為準，而是以當事人明知有請求權存在時為準。若消滅時效改採「主觀說」，則因臺鐵遲至訴訟終結，才清楚案件事實，而改向 A 主張無權代理責任，故時效應仍未消滅。只是最高法院將消滅時效起算時點改成「主觀說」，卻引起不少學說❹質疑，本題擬答亦不贊同，因為對照民法第 197 條規定：「因侵權行為所生之損害賠償請求權，自請求權人知有損害及賠償義務人時起，二年間不行使而消滅。自有侵權行為時起，逾十年者亦同」，可知在「客觀說」下，民法侵權行為損害賠償請求權在請求權發生後「十年」即立刻罹於時效，以維護法律安定性，但是如果認為民法第 125 條規定十五年的消滅時效，因「主觀說」緣故，即使是在請求權發生後「十五年」，卻仍未罹於時效，對於法律安定性之危害更甚，則豈非和民法第 197 條，產生極度的價值判斷上的矛盾？而無法契合？因此最高法院近來對消滅時效的時點起算見解，確實不無可議之處，且改採「主觀說」，會造成時效無限期延長，法律狀態長期處於不安定之情形，

❷　王澤鑑，《民法總則》，第 506 頁。

❸　例如最高法院 91 年臺上字第 1312 號判決。

❹　王澤鑑，《民法總則》，第 347 頁；黃立，《民法總則》，第 454 頁。

故不為本題擬答所採。

　　b.在「客觀說」下，臺鐵對 A 的民法第 110 條的「無權代理」損害賠償請求權的消滅時效，應由得請求時起起算，即在 B 表示不解，拒絕承認給付後的兩年而消滅❺，而非自 A 為冒名行為時即起算。

小結：臺鐵對 A 的無權代理損害賠償請求權，確實已罹於時效。

3.臺鐵對 A 主張其他法律責任

　　臺鐵可以向 A 主張民法第 179 條的「給付型」不當得利，或依民法第 181 條請求償還相當車票的價額，或是可以主張民法第 184 條第 2 項及相關刑法規定，請求損害賠償。而理論上，該不當得利返還請求權或是侵權行為損害賠償請求權，都不是原先「旅客運送契約」無得請求履行的「替代」，故其時效計算應分別依民法第 125 條及第 197 條規定為之，故 A 的抗辯，即無理由。

[題後說明]

　　1.本題就臺鐵的立場觀之，雖不無有對 B 主張表見代理之可能（參照民法第 169 條前段），但構成表見代理之前提，需是因本人之事由而造成表見外觀，但本題因該表見代理的表見外觀，實非 B 所造成，因此要 B 負表見代理責任，自不公允。

　　2.「冒名行為」往往也構成侵害被冒名人的姓名權，又自不待言。

---

❺　參閱王澤鑑，《民法總則》，第 506 頁。

例題**50**

消滅時效的增減

某家電商 A 欲要清倉拍賣，所以 B 就趁假日向其購買一臺新洗衣機，A 表示，因為是特價出售，所以瑕疵擔保請求權消滅時效必須縮短，以買受人得知瑕疵後，三個月內行使為必要。

B 使用該洗衣機不久後，即發現洗衣機有不明噪音，但 B 卻盡量忍受，就在使用屆滿三個月的前一星期，噪音加劇，終致 B 無法忍受，遂要 A 前來察看。A 表示目前沒有人手，必須在兩個星期後，始能派師傅過來，B 表示同意。

兩個星期後，派來的師傅在查看洗衣機後，認為洗衣機並無瑕疵。B 表示無法接受如此說法，並提起訴訟。

問：A 得否主張 B 的瑕疵擔保請求權已經罹於時效？

說　明

民法第 147 條規定：「時效期間，不得以法律行為加長或減短之。並不得預先拋棄時效之利益」，條文文義明確，致使學說對於當事人間「時效長短」約定效力，抱持非常保守的態度。只是實務上真的不乏當事人間對於「時效長短」有所約定，對於如此層出不窮的約定，不免使人懷疑，「時效」果真不能經由法律行為增減？本例題收錄目的即是在對此提出質疑。

擬　答

1.根據民法第 365 條第 1 項規定：「買受人因物有瑕疵，而得解除契約或請求減少價金者，其解除權或請求權，於買受人依第三百五十六條規定為通知後六個月間不行使或自物之交付時起經過五年而消滅」，而民法第 147 條更規定有：「時效期間，不得以法律行為加長或減短之。並不得預先

拋棄時效之利益」，所以首先要問的是，A、B 雙方約定，縮短買賣瑕疵擔保消滅時效❻，「以買受人得知瑕疵後，三個月內行使為必要」，是否有效？一般學說❼基於民法第 147 條之原文，而否定時效縮短之約定，只是本題擬答認為，既然契約約定排除買賣瑕疵擔保請求權，都是許可（參照民法第 366 條），則「舉重明輕」，對於效果較輕的「縮短買賣瑕疵擔保請求權消滅時效」，實無禁止之理，是故本題 A、B 約定有效，B 的瑕疵請求權應在 B 得知洗衣機噪音三個月後，罹於時效。

　　2.當 B 向 A 表示洗衣機有瑕疵（瑕疵的通知：參照民法第 356 條），而 A 表示會在兩個星期內派師傅前來察看，是否是一默示同意「延長消滅時效」約定？有無違反民法第 147 條？

　　⑴民法第 147 條所以會禁止延長時效，實著眼於時效的公益性質，因為消滅時效是為法律的安定性而設，故不宜任由當事人無限期延長。只是本題擬答認為，基於時效公益性考量，故應將民法第 147 條解釋成為，不宜任由當事人再延長民法第 125 條的十五年時效，以免時效過長，法律安定性遭致破壞，至於其他例如有限度延長買賣瑕疵擔保請求權的消滅時效，應不在限制之內才是。

　　⑵即使不同意時效可以以契約延長，本題也應認為因為 A 已經同意在兩個星期內，派遣師傅查看洗衣機狀況，基於誠實信用原則，A 不應可以主張 B 的瑕疵擔保請求權在此兩個星期內已經罹於時效，否則對於信賴出賣人解決瑕疵的買受人而言，明顯不公平。

結論 A 不能主張 B 的請求權已罹於時效。

---

❻　我國學說對於民法第 365 條的買賣契約瑕疵擔保的期限，究竟是「消滅時效」或是「除斥期間」，爭議甚大。

❼　王澤鑑，《民法總則》，第 554 頁；林誠二，《民法總則》，第 287、288 頁。

參考書目

一、中文部分

1. 王伯琦，民法總則，1984 年 3 月，正中書局。
2. 王澤鑑，民法總則，2008 年 10 月。
3. 王澤鑑，債法原理㈠，2002 年 10 月，增訂版 6 刷。
4. 王澤鑑，債法原理㈢，2005 年 1 月。
5. 史尚寬，民法總則，1980 年 1 月，3 版。
6. 林誠二，民法總則（上、下），2007 年 9 月，3 版 1 刷，瑞興圖書。
7. 邱聰智，民法總則（上），2005 年 2 月，三民書局。
8. 施啟揚，民法總則，2007 年 6 月，7 版。
9. 姚瑞光，民法總則論，2002 年 9 月。
10. 洪遜欣，中國民法總則，1981 年 9 月。
11. 黃立，民法總則，2005 年 9 月，元照出版社。
12. 鄭玉波，民法總則，1979 年 11 月，11 版，三民書局。
13. 鄭玉波著，黃宗樂修訂，民法總則，修訂 11 版，2008 年 9 月，三民書局。

二、德文部分

1. Brox, Allgemeiner Teil des BGB, 14. Auflage, Carl Heymanns, 1990
2. Flume, Allgemeiner Teil des BGB II, 3. Auflage, Springer, 1979 Berlin
3. Jauernig, Kommenatr des BGB, 6. Auflage, C.H.Beck, 1991 München
4. Köhler, Allgemeiner Teil des BGB, 20. Auflage, C.H.Beck, 1989 München
5. Köhler, PdW, Allgemeiner Teil des BGB, 15. Auflage, C.H.Beck, 1989 München
6. Larenz, Allgemeiner Teil des BGB, 7. Auflage, C.H.Beck, 1989 München

7. Medicus, Allgemeiner Teil des BGB, 4. Auflage, Müller, 1990 Heidelberg

8. Münchener Kommentar zum BGB, Band 1, Allgemeiner Teil, 2. Auflage, C.H.Beck, 1986 München

9. Palandt, Kommentar des BGB, 51. Auflage, C.H.Beck, 1992 München

10. Westermann, Allgemeiner Teil des BGB (Schwerpunkt), 5. Auflage, Müller, 1983 Heidelberg

法學啟蒙叢書　民法系列

◎ 贈 與　郭欽銘／著

　　本書以淺顯易懂的文字及活潑生動的案例，介紹我國民法有關贈與規定之學說與實務見解，期使讀者能將本書知識與現實生活中之法律問題相互印證。案例演習中，若涉及民法贈與其他相關規定，本書均會詳為論述解說，因此可讓非法律人或法律初學者在閱讀時，輕易理解其內容。

◎ 承 攬　葉錦鴻／著

　　承攬的條文雖不多，但在日常生活中卻常出現，相當值得我們注意。本書除了介紹承攬的每個條文及其相關實務見解外，對於學說上見解亦有所說明，希望藉由這些解說，更加豐富承攬規定的法律適用。本書內容包括概說、承攬人之義務、定作人之義務、承攬契約的效力、合建、委建與承攬，並在附錄以例題對本書重點做一回顧，希望讓讀者清楚了解承攬之全貌。

◎ 買 賣　陳添輝／著

　　為什麼買賣契約是債權契約？為什麼出賣他人之物，買賣契約有效？為什麼一物二賣，二個買賣契約均為有效？就買賣的概念而言，一般人的理解與法律規定之間，為何會有如此大的差異？本書盡力蒐集羅馬法及歐陸各國民法之相關資料，希望幫助讀者了解買賣制度之沿革發展，進一步正確掌握我國民法有關買賣規定之意義。

ꜣꜥꜥꜥꜣ